deutsch üben

Anneli Billina / Lilli Marlen Brill / Marion Techmer

Wortschatz & Grammatik

A1

Hueber Verlag

Bildnachweis

S. 14 Foto: Axel Techmer
S. 30 Foto: Axel Techmer
S. 60 Foto: © MEV/Photodesign Müller

6. 5. 4. | Die letzten Ziffern
2020 19 18 17 16 | bezeichnen Zahl und Jahr des Druckes.
Alle Drucke dieser Auflage können, da unverändert, nebeneinander benutzt werden.
1. Auflage

Umschlaggestaltung: creative partners gmbh, München
Umschlagfotos von links: © iStockphoto/Thomas_EyeDesign; © iStockphoto/iofoto; © iStockphoto/Felix Mizioznikov
Zeichnungen: Irmtraud Guhe, München
Layout & Satz: appel media, Oberding
Verlagsredaktion: Katrin Dorhmi, Hueber Verlag, Ismaning
Druck und Bindung: Friedrich Pustet GmbH & Co. KG, Regensburg
Printed in Germany
ISBN 978-3-19-407493-4

Art. 530_01941_001_04

Inhalt

Vorwort

Liebe Deutschlernende,

mit dem Band *deutsch üben* Wortschatz & Grammatik A1 können Sie den Wortschatz und die Grammatik der Niveaustufe A1 einüben und festigen. Damit erhalten Sie die Grundlage für erste, elementare Kommunikationssituationen.

Wortschatz & Grammatik A1 behandelt alle Themenbereiche, die für die Stufe A1 des *Gemeinsamen Europäischen Referenzrahmens* vorgesehen sind. Sie finden darin

- abwechslungsreiche Übungen (spielerische Übungen, Lückentexte, Zuordnungsübungen, Übungen zur Satzbildung etc.),
- authentische Kontexte, Situationen und Dialoge,
- wertvolle Lerntipps,
- zahlreiche Illustrationen als Verständnishilfe,
- einen übersichtlichen Lösungsteil zur Selbstkontrolle.

Der vorliegende Band eignet sich zur Wiederholung und Vertiefung des Wortschatzes und der Grammatik A1 und zur Prüfungsvorbereitung. Er ist bestens zur Selbstevaluation geeignet, um zu testen, was man gut oder weniger gut beherrscht.

Viel Spaß mit *deutsch üben* Wortschatz & Grammatik A1 !

Autorinnen und Verlag

Abkürzungen:

A	steht vor Varianten, die man in Österreich sagt	
CH	steht vor Varianten, die man in der Schweiz sagt	
m	maskulin, männlich	*der Hund*
f	feminin, weiblich	*die Katze*
n	neutral, sächlich	*das Pferd*
Pl	Plural, Mehrzahl	*die Tiere*

Teil 1: Wortschatz

A. Person, Familie und Freunde

A1 Guten Tag

Ergänzen Sie.

freut mich • Entschuldigung • heiße • arbeiten • heißt • bin • Kollege • Frau • Name • ~~Tag~~ • guten • Ihr • Tag

1. ● Guten _Tag_. Mein ________ ist Maria Stix.

 ▶ Guten Tag, ________ Stix. Ich bin Simon Umbreit.

2. ● Frau Brill, das ist mein ________ Herr Agert.

 ▶ ________ ________,

 ________ Tag, Herr Agert.

 ■ Guten ________.

3. ● Hallo. Ich ________ Leonie. Und wie ________ du?

 ▶ Hi, ich ________ David.

4. ● Ich heiße Jan Westerhoff-Nilling.

 ▶ ________________, wie ist ________ Name?

 ● Westerhoff-Nilling. Jan Westerhoff-Nilling.

 ▶ Ich bin Frau Müller. Anna Müller.

 ________________ Sie auch bei Future-Comes?

A2 Hallo …

Wie grüßt man?

~~Guten Morgen.~~ • Hallo./Hi. • Grüezi. • Grüß Gott. • Guten Tag.

1. In der Arbeit (bis 11 Uhr): *Guten Morgen.*
2. In einem Geschäft zu einer Verkäuferin (von 11 – 18 Uhr): ______
3. In Österreich und Süddeutschland: ______
4. In der Schweiz: ______
5. Jugendliche zu Jugendlichen (CH: Junge zu Jungen): ______

A3 … und Tschüs

Was sagt man, wenn man geht?

~~Tschau./Tschüs.~~ • Servus. • (Auf) Wiedersehen. • Gute Nacht. • Tschüs./Bis bald. • (Auf) Wiedersehen.

1. Jugendliche zu Jugendlichen: *Tschau./Tschüs.*
2. In einem Geschäft: ______
3. Freunde zu Freunden in Österreich und Süddeutschland: ______
4. Wenn es ca. 22 Uhr ist: ______
5. Bei der Arbeit zu Besuchern und Kunden: ______
6. Zu Freunden, zu Kollegen: ______

A4 Anmeldeformular

Ergänzen Sie.

Geburtsdatum • Straße • Beruf • Hausnummer • ~~Familienname~~ • Unterschrift • Postleitzahl • Vorname • Wohnort (Stadt) • Land • E-Mail • Telefonnummer • Nationalität

Anmeldung

Sprachschule Lingua

Sommersprachkurs A1/1 01.08 – 31.08: Deutsch als Fremdsprache

Santos

(1.) *Familienname*

Maribell

(2.) ____________

29.4.94

(3.) ____________

spanisch

(4.) ____________

Giselastr.

(5.) ____________

104

(6.) ____________

81739

(7.) ____________

München

(8.) ____________

Deutschland

(9.) ____________

089/739665

(10.) ____________

maribell.santos@web.de

(11.) ____________

Studentin

(12.) ____________

Maribell Santos

(13.) ____________

A5 Der Name – die Namen

Schreiben Sie den bestimmten Artikel und den Plural.

1. Name: *der Name – die Namen*
2. Straße: ______
3. Stadt: ______
4. Land: ______
5. E-Mail: ______
6. Telefonnummer: ______
7. Student: ______
8. Studentin: ______

! Tipp

Nomen schreibt man groß:
***S**traße, **S**tadt, **L**and ...*

Lernen Sie Nomen immer mit Artikel und Plural:
***die** Straße, die Straß**en** (Pl); **die** Stadt, die Städte (Pl); **das** Land, die Länd**er** (Pl) ...*

A6 Wie ist Ihr Name?

Ergänzen Sie. Achten Sie bei Verben auf die korrekte Form.

Geburtsort • sein • leben • Adresse • kommen • Tochter • geboren • ~~Name~~ • buchstabieren • Jahre • wohnen • Kinder • sprechen

- ● Wie ist Ihr (1.) *Name*?
- ■ Mein Name ist Yerli. Asiye Yerli.
- ● Können Sie den Nachnamen bitte (2.) ______?
- ■ Y-E-R-L-I.
- ● Woher (3.) ______ Sie?
- ■ Ich komme aus der Türkei. Ich (4.) ______ erst seit sechs Monaten in Deutschland.
- ● Wann sind Sie (5.) ______?
- ■ Am 29.4.1984.
- ● Was ist Ihr (6.) ______?
- ■ Entschuldigung, ich (7.) ______ noch nicht so gut deutsch.
- ● Wo sind Sie geboren?
- ■ In Ankara.
- ● Haben Sie (8.) ______?
- ■ Ja, ich habe eine (9.) ______. Sie ist vier (10.) ______ alt.
- ● Wie ist Ihre (11.) ______?
- ■ Ich (12.) ______ im Märchenweg 5, 81739 München.
- ● Was sind Sie von Beruf?
- ■ Ich (13.) ______ Programmiererin.

A7 Zur Person

Was passt nicht?

1. Familienstand: ledig – verheiratet – ~~geboren~~ – geschieden
2. Adresse: Straße – Fax – Hausnummer – Platz
3. Name: Geburtsname – Vorname – Nachname – Familienstand
4. Geburtsdatum: Geburtstag – Geburtsjahr – Geburtsort – geboren am
5. Geschlecht: männlich – weiblich – verwandt

A8 Land und Leute

Ergänzen Sie die Länder, die Bewohner und die Staatsangehörigkeit.

~~die Schweiz~~ • Deutschland • Österreich

1. Er kommt aus der _Schweiz_. Er ist _Schweizer_.
   Seine Mutter ist _Schweizerin_ und sein Vater _Schweizer_.
   Staatsangehörigkeit: _schweizerisch_.

2. Er kommt aus __________. Er ist __________.
   Seine Mutter ist __________ und sein Vater __________.
   Staatsangehörigkeit: __________.

3. Er kommt aus __________. Er ist __________.
   Seine Mutter ist __________ und sein Vater __________.
   Staatsangehörigkeit: __________.

Tipp

Länder haben meistens keinen Artikel:

Österreich, Deutschland, Frankreich, Italien, Brasilien, Russland, Japan ...

Länder mit Artikel:

***die** Schweiz, **die** Türkei, **der** Iran, **der** Irak, **die** USA* (Pl), ***die** Niederlande* (Pl)

A9 Ich

Und Sie?

Vor- und Familienname:	______________	Geburtsort:
geboren am:	______________	______________
Staatsangehörigkeit:	______________	Geschlecht:
Alter:	______________	______________
Religion:	______________	
Beruf:	______________	

! Tipp

Lernen Sie nicht nur die Wörter aus Ihrem Deutschbuch. Lernen Sie Wörter, die Sie im Alltag brauchen. Zum Beispiel: Wie heißt **Ihr** Land? Wie ist **Ihre** Staatsangehörigkeit? Wie ist **Ihre** Religion?

Sie wissen Ihre Staatsangehörigkeit oder Religion nicht auf Deutsch? Schauen Sie auf S. 108. Ihr Land oder Ihre Religion ist nicht dabei? Arbeiten Sie mit dem Wörterbuch oder fragen Sie Ihren Lehrer.

A10 Du oder Sie?

Was sagt man? Kreuzen Sie an.

	du	Sie
1. Kollegen zu Kollegen (oft)	☒	☐
2. Mitarbeiter zu Chefs und Chefs zu Mitarbeitern (oft)	☐	☐
3. Kinder zu fremden Erwachsenen (immer)	☐	☐
4. junge Leute (– 25 Jahre) zu jungen Leuten	☐	☐
5. fremde Personen (+ 25 Jahre) zu fremden Personen	☐	☐
6. Freunde zu Freuden (immer)	☐	☐
7. Erwachsene zu Kindern und Jugendlichen bis ca. 15 Jahre	☐	☐
8. Studenten zu Studenten	☐	☐

! Tipp

***Du* oder *Sie*?**

Sie wissen nicht: Soll ich zu meinem neuen Kollegen *Sie* oder *du* sagen?
Tipp: Sagen Sie *Sie*. Das ist immer höflich. Später kann man zum Du wechseln.

A11 Kontinente

Ergänzen Sie.

Asien • ~~Amerika~~ • Europa • Afrika • Australien

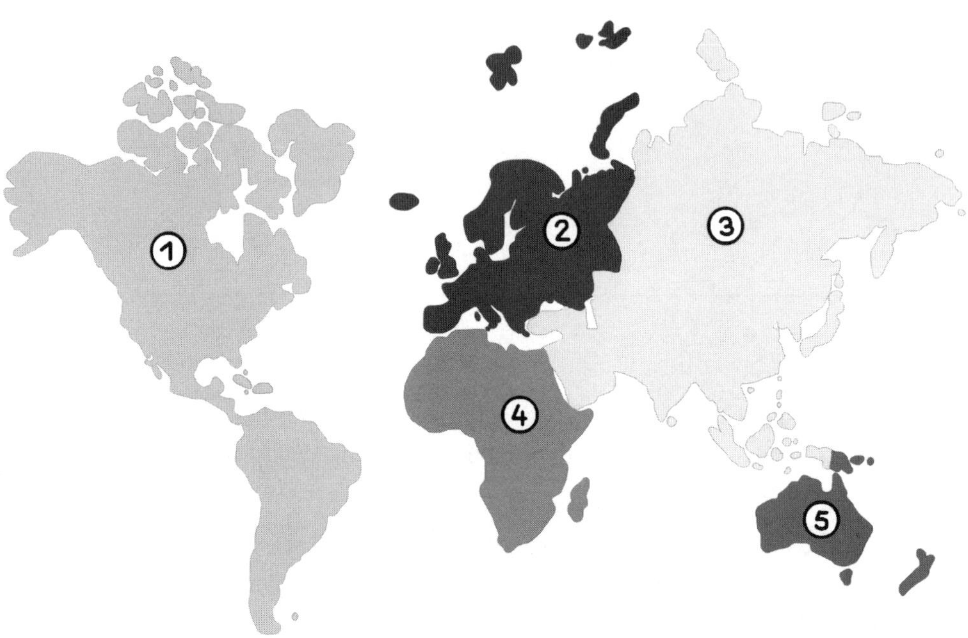

1. Amerika
2. ______
3. ______
4. ______
5. ______

! Tipp

So lernen Sie optimal:
Sprechen Sie neue Wörter beim Lernen: einmal leise, einmal laut, einmal leise ...

Sprechen **und** schreiben Sie neue Wörter: Sprechen + schreiben = 2 Lernchancen.

Ist ein Wort schwer für Sie? Unterstreichen Sie das Wort und schreiben Sie es mehrmals.

A12 Familienfoto

Ergänzen Sie.

der Sohn • ~~der Vater~~ • der Großvater • die Großmutter • die Tochter • das Baby • die Mutter • der Hund

1. der Vater
2. ______
3. ______
4. ______
5. ______
6. ______
7. ______
8. ______

A13 ♀ und ♂

Ergänzen Sie.

die Ehefrau • die Partnerin • das Mädchen • ~~die Dame~~ • die Freundin

1. der Herr ↔ die Dame
2. der Junge (A: der Bub) ↔ ______
3. der Ehemann ↔ ______
4. der Freund ↔ ______
5. der Partner ↔ ______

! Tipp

Weibliche (♀) Personen: Der Artikel ist feminin *(die)*.
***die** Frau, **die** Freundin, **die** Tochter ...*

Männliche (♂) Personen: Der Artikel ist maskulin *(der)*.
***der** Mann, **der** Freund, **der** Sohn ...*

Aber: ***das** Baby, **das** Mädchen.*

A14 Meine Familie

Was passt? Kreuzen Sie an.

1. Das sind unsere ☐ Familie. ☒ Eltern.

2. Das ist meine ☐ Familie. ☐ Eltern.

3. Das ist mein ☐ Sohn. ☐ Bruder.

4. Das ist meine ☐ Schwester. ☐ Tochter.

A15 Einladungskarte

Nummerieren Sie die Sätze in der richtigen Reihenfolge.

Einladung zum

a) Lieber Philipp,
b) Dein *Simon*
c) Bitte sag mir bald Bescheid, ob Du kommst.
d) Die Party beginnt um 15 Uhr und endet um 18 Uhr.
e) ich möchte Dich ganz herzlich zu meinem 7. Geburtstag am 18.7. einladen.

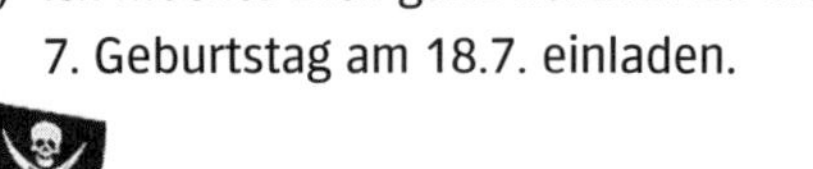

Simon Mayer, Marktstr. 12, 71522 Backnang, Tel. 07191/61419, E-Mail: MayerB@gmx.de

1.	2.	3.	4.	5.
a)				

A16 Kontakte

Ergänzen Sie. Achten Sie bei Verben auf die korrekte Form.

essen gehen • sehen • Du … sagen • nett • glauben • mögen • ~~kennen~~ • sprechen • dumm • lernen • blöd

1. ● Wie lang _kennst_ du Lilli schon? ▶ Ich __________, wir kennen uns seit 1987.
2. ▶ Du __________ sehr gut Deutsch. Wie lange __________ du schon Deutsch?
   ● Seit zwei Jahren am Goethe-Institut.
3. ● __________ du seine neue Freundin? ▶ Ja, ich finde sie sehr __________.
   ● Wirklich? Also ich finde sie __________ und __________.
4. ● Wann __________ wir uns? ▶ Geht es Freitagabend um 8 Uhr?
   ● Ja, das passt mir gut.
5. ● Wir können _____ zueinander __________. Ich heiße Axel.
   ▶ Gerne, ich heiße Juan.
6. ● Wohin willst du __________ __________? ▶ Ich esse gern italienisch.

Post • gern haben • bekommen • anrufen • gefallen • interessieren • Hobby • traurig • schicken

7. ● Liebst du ihn? ▶ Quatsch. Ich __________ ihn nur sehr __________. Das ist alles.
8. ● Hat dir der Film „Illuminati" __________? ▶ Nein, nicht so. Das Buch war besser.
9. ● Was soll ich ihm zum Geburtstag schenken? Ich weiß nicht, was ihn __________.
   ▶ Du, ich glaube, sein __________ ist Kochen.
10. ● David sieht so __________ aus. Was hat er denn?
    ▶ Seine Katze ist seit gestern weg.
    ● Oh je.
11. ● __________ du mich morgen früh _______? ▶ Nein, ich kann morgen nicht telefonieren. Ich __________ dir eine SMS.
12. ● Sie __________ die Einladungen per __________. ▶ Sehr gut, vielen Dank.

A17 Wie sehen sie aus?

Ergänzen Sie.

jung – alt • klein – groß • dick – dünn • schön – hässlich • lang – kurz

1. *schön – hässlich*
2. ________________
3. ________________

4. ________________
5. ________________

Tipp

Lernen Sie Adjektive immer mit dem Gegenteil:

hässlich ⟷ *schön*

klein ⟷ *groß*

B. Körper und Gesundheit

B1 Der Körper

Ergänzen Sie die Nomen mit Artikel.

Fuß • Arm • Bein • Hand • ~~Kopf~~ • Gesicht • Bauch • Finger • Herz

der • der • ~~der~~ • der • der • die • das • das • das

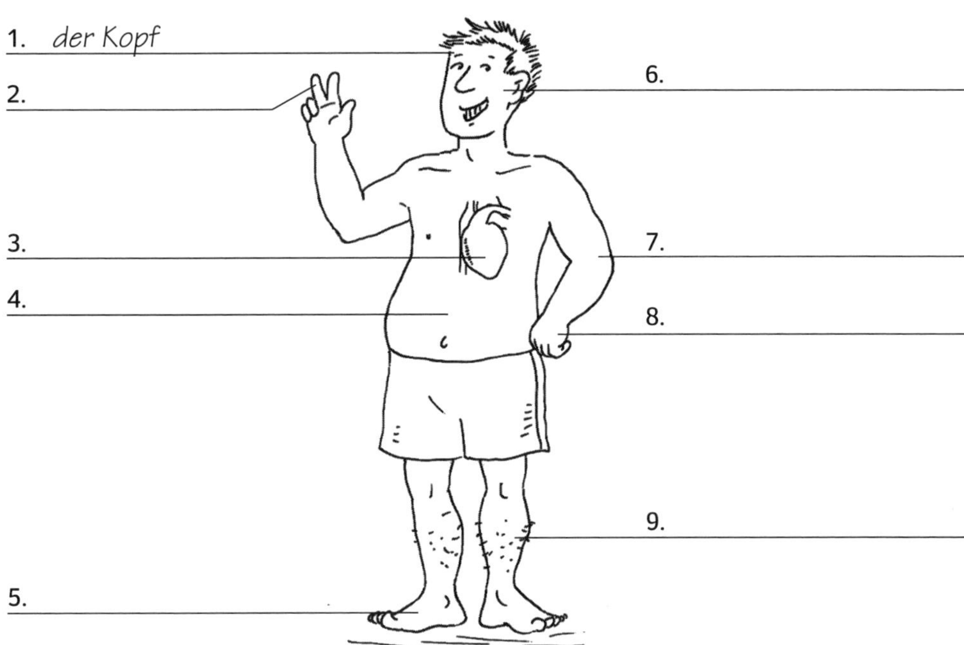

B2 Ein Arm – Arme

Ergänzen Sie den unbestimmten Artikel und die Pluralform.

1. *ein* Arm – *Arme*			5. ____ Hand – ____			
2. ____ Fuß – ____			6. ____ Kopf – ____			
3. ____ Bein – ____			7. ____ Finger – ____			
4. ____ Bauch – ____			8. ____ Gesicht – ____			

Tipp

Der unbestimmte Artikel (*ein, eine, ein*) bildet keinen Plural.

Das ist ein Herz.

Das sind Herzen.

B3 Das Gesicht

Welche Verben passen zu den Körperteilen?
Tipp: Ordnen Sie die Buchstaben in den Klammern.

1. das Haar
(enmmkä) *kämmen*

2. das Auge
(esehn) ____________

(enles) ____________

3. das Ohr
(enrhö) ____________

4. die Nase
(enchrie) ____________

5. der Mund
(chenspre) ____________

(senes) ____________

(kenntri) ____________

B4 Sehen, hören, verstehen und schmecken

Ergänzen Sie die Verben in der korrekten Form.

hören • hören • ~~sehen~~ • verstehen • schmecken • sprechen • sprechen

1. Machst du bitte das Licht an? Ich *sehe* nichts.
2. Bei Oma Maria ____________ das Essen immer.
3. Du musst lauter ____________, Opa ____________ dich sonst nicht.
   Er ____________ sehr schlecht.
4. Das Hotel ist schön, aber man ____________ leider die Autos.
5. Du ____________ schon sehr gut Deutsch.

B5 Der Zahn tut weh

Ergänzen Sie.

Zahn • lachen • starke • Apotheke • schlecht • etwas gegen • geht • ~~aussehen~~ • Zahnarzt

- ● Du (1.) s*iehst* nicht gut *aus*. Wie (2.) g________ es dir?
- ■ Mir geht es (3.) s________. Mein (4.) Z________ tut weh.
- ● Geh in die (5.) A________. Dort gibt es (6.) e________ ________ Zahnschmerzen.
- ■ Nein, ich gehe heute zum (7.) Z________. Ich habe so (8.) s________ Schmerzen. Ich habe ein Loch im Zahn. Ich kann nicht mehr (9.) l________.
- ● Oje! Gute Besserung!

Zwei Sätze – die gleiche Bedeutung: *Ich habe Zahnschmerzen – Mein Zahn tut weh.*

B6 Beim Arzt

Ergänzen Sie.

~~Doktor~~ • krank • Fieber • gut • leichte • Schnupfen • schlafen • gesund • Medikament • Erkältung

- ● Guten Morgen, Frau Schuster. Wie geht es Ihnen?
- ■ Guten Morgen, Herr (1.) *Doktor* Sanders. Mir geht es nicht (2.) ________. Ich bin (3.) ________. Ich habe (4.) ________, 38 Grad. Dazu habe ich (5.) ________ Kopfschmerzen, Husten und (6.) ________.
- ● Sie haben eine (7.) ________, Frau Schuster. Ich verschreibe Ihnen ein (8.) ________ gegen die Schmerzen. Gehen Sie nach Hause und (9.) ________ Sie viel. Dann sind Sie bald wieder (10.) ________.
- ■ Danke, Herr Doktor.
- ● Gute Besserung, Frau Schuster.

B7 Mein Tag

Ordnen Sie zu.

a)  b)  c)

d)  e)  f)

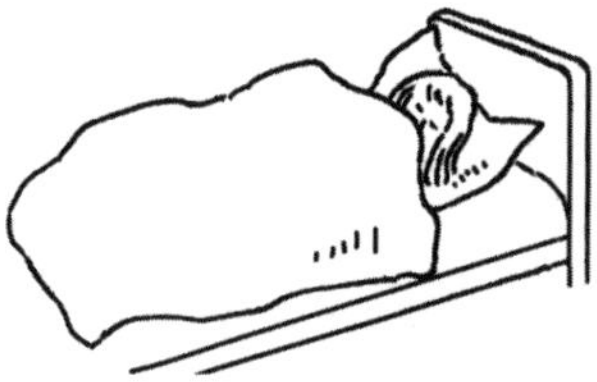

g)  h)  i)

1.  Um 6 Uhr stehe ich auf.

2.  Um halb 7 dusche ich.

3.  Um 7 Uhr gibt es Frühstück.

4.   Um halb 8 putze ich meine Zähne.

5.  Von 8 bis 13 Uhr 15 gehe ich in die Schule.

6.  Um 14 Uhr gibt es Mittagessen.

7.   Von 15 bis 16 Uhr 30 lerne ich.

8.  Ab 17 Uhr habe ich Zeit zum Spielen.

9.  Um 21 Uhr schlafe ich.

1.	2.	3.	4.	5.	6.	7.	8.	9.
c)								

B8 Mutter und Sohn

Ergänzen Sie.

schlafen • Handtuch • Toilette • ~~schmutzig~~ • Spiegel • sauber • Haare waschen • ins Bett gehen • Seife

Mutter: Paul, deine Hände sind sehr (1.) schmutzig.

Wasche sie mit (2.) ________________.

Paul: Ja, Mama.

Mutter: Schau in den (3.) ________________.

Du musst auch deine (4.) ________________.

Paul: Gleich, Mama.

Mutter: Hier ist ein (5.) ________________.

Paul: Danke, Mama.

Mutter: So, jetzt bist du wieder (6.) ________________.

Jetzt kannst du (7.) ________________.

Paul: Nein, ich muss noch auf die (8.) ________________.

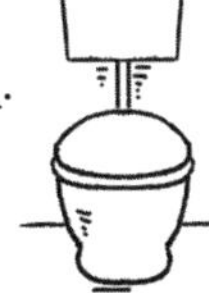

Mutter: Dann musst du aber (9.) ________________.

Paul: Ja, Mama. Gute Nacht!

C. Wohnen und Hausarbeit

C1 Ein Haus mit Garten

Ordnen Sie zu.

der Garten • ~~die Küche~~ • das Wohnzimmer (A: die Stube) • das Kinderzimmer • die Toilette • das Schlafzimmer • das Badezimmer • die Treppe

1. *die Küche*
2. ______
3. ______
4. ______
5. ______
6. ______
7. ______
8. ______

C2 Frau Müller kauft Möbel

Ergänzen Sie die Nomen und den unbestimmten Artikel.

Schrank • Stühle (Pl) • Teppich • Bett • Sofa • Kühlschrank • Uhr • Herd • ~~Tisch~~

Frau Müller hat eine neue Wohnung. Sie braucht auch neue Möbel. Sie fährt mit einer Freundin in ein Möbelgeschäft und kauft ein. Frau Müller braucht

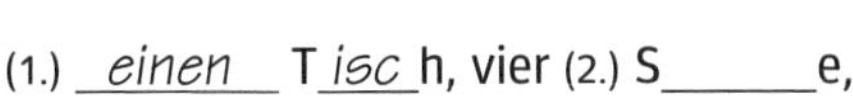

(1.) _einen_ T_isc_h, vier (2.) S______e, (3.) ________ K__________k und (4.) ________ H___d für die Küche. Für das Wohnzimmer kauft sie (5.) ________ T______h, (6.) ________ U___ und (7.) ____ S___a. Dazu braucht sie (8.) ________ Sch____k und (9.) ____ B___t für das Schlafzimmer.

Das wird teuer!

C3 Ein Bild, viele Bilder

Ergänzen Sie den Plural.

1. ein Bild, viele _Bilder_
2. eine Uhr, viele ________
3. ein Sofa, viele ________
4. ein Teppich, viele ________
5. ein Bett, viele ________
6. ein Radio, viele ________
7. ein Tisch, viele ________
8. ein Schrank, viele ________

! Tipp

Lernen mit Zetteln

Kleben Sie Zettel an die Möbel, die Sie lernen wollen. Notieren Sie auch den Artikel und den Plural. Schreiben Sie Wörter mit dem Artikel *die* (feminin) auf rosa Zettel. Wörter mit dem Artikel *der* (maskulin) auf blaue Zettel und Wörter mit dem Artikel *das* auf grüne Zettel.

C4 Ein Dialog

Ergänzen Sie.

zu Hause • groß • ~~Wohnung~~ • Zimmer • Balkon • Mieten (Pl) • hoch • wohne • kostet

- Hast du eine eigene (1.) *Wohnung* ?
- Nein, ich habe ein (2.) ________ in einem Studentenheim.
- Ich (3.) ________ noch (4.) ________. In München sind die (5.) ________ sehr (6.) ________.
- Mein Zimmer ist billig. Es (7.) ________ nur 280 Euro im Monat.
- Das ist gut. Wie (8.) ________ ist das Zimmer?
- Es hat 12 m^2 und hat einen (9.) ________.
- Kann ich mir das Zimmer anschauen?
- Ja, gerne.

C5 Groß und klein

Ergänzen Sie das Gegenteil.

leer • ~~neu~~ • unmodern • dunkel • teuer • laut • kalt • klein

1. alt	↔	*neu*	5. billig	↔	________
2. groß	↔	________	6. leise	↔	________
3. modern	↔	________	7. warm	↔	________
4. hell	↔	________	8. voll	↔	________

C6 Ich suche eine Wohnung

Ergänzen Sie.

Stock • Apartment • schön • Fenster (Pl) • ruhig • ~~Anzeige (CH: Annonce)~~ • liegt • Ecke • Dusche • Quadratmeter • hell

- ● Guten Tag, mein Name ist Gärtner. Ich habe Ihre (1.) *Anzeige (CH: Annonce)* in der Abendzeitung gelesen. Ist das (2.) ______________ noch frei?
- ■ Ja.
- ● Wie viel (3.) ______________ hat das Apartment?
- ■ Es hat 50 m^2.
- ● In welchem (4.) __________ liegt es?
- ■ Das Apartment ist im 5. Stock. Es ist sehr sonnig und (5.) __________.
- ● Wo (6.) ________ das Apartment genau?
- ■ Es liegt in der Nähe vom Nordbad, Agnesstraße, (7.) ________ Zentnerstraße.
- ● Ist die Lage (8.) __________ oder gibt es viel Lärm?
- ■ Das Apartment liegt in einer Nebenstraße. Es hat auch neue (9.) ___________. Man hört keinen Lärm.
- ● Hat das Apartment ein Bad mit Badewanne oder nur eine (10.) __________.
- ■ Es hat ein Badezimmer mit Badewanne.
- ● Das ist (11.) __________. Wann kann ich mir das Apartment anschauen?
- ■ Sie können morgen Abend um 19 Uhr kommen.
- ● Da habe ich Zeit. Auf Wiederhören und bis morgen.

C7 Auf und zu, an und aus

Was passt nicht?

1. Das Licht ist an – aus – ~~offen~~.
2. Das Fenster ist geschlossen – zu – ein.
3. Die Tür ist an – offen – auf.
4. Der Computer ist an – aus – ein.
5. Die Heizung ist ein – an – aus.

C8 Bei Familie Wagner

Ergänzen Sie.

zumachen • ausmachen • ~~aufmachen~~ • anmachen • offen • warm • laut • dunkel • Schlüssel • Abfall

Familie Wagner ist in der Küche.

Mutter: Sarah, kannst du bitte das Fenster (1.) *aufmachen* ?

In der Küche ist es zu (2.) ______________.

Sarah: Das Fenster ist schon (3.) ______________.

Mutter: Tim, kannst du bitte das Radio (4.) ______________? Es ist hier zu (5.) ______________.

Tim: Ich möchte noch das Lied hören, Mama.

Mutter: Lisa, kannst du bitte das Licht (6.) ______________? Es ist hier zu (7.) ______________.

Lisa: Gleich, Mama.

Mutter: Fred, kannst du bitte den (8.) ______________ zur Mülltonne bringen?

Vater: Ja, sofort. Ich brauche aber den (9.) ______________ für die Tür. Sie ist zu.

Mutter: Kannst du auch noch die Balkontür (10.) ______________? Sie ist noch offen.

Vater: Mache ich.

Mutter: Vielen Dank. Bald ist das Abendessen fertig.

Alle: Lecker!!

C9 Was/Wer ist wo?

Ergänzen Sie.

aus • in • ~~an~~ • vor • auf • unter

1. Das Bild hängt _an_ der Wand.

2. Die Frau sitzt ______ dem Sofa.

3. Der Hund liegt ______ dem Tisch.

4. Die Blumen sind ______ der Vase.

5. Der Tisch steht ______ dem Schrank.

6. Das Kind kommt ______ dem Haus.

D. Natur, Wetter und Jahreszeiten

D1 Tiere und Pflanzen

Ergänzen Sie die Nomen mit dem unbestimmten Artikel.

(die) Blume • (das) Schwein • (die) Katze • (der) Fisch • ~~(der) Baum~~ •
(die) Kuh / (das) Rind • (der) Vogel • (der) Hund • (die) Pflanze

Das ist ...

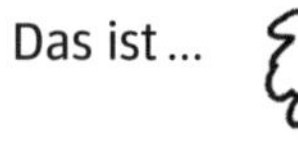

1. *ein Baum*
2. ______
3. ______

4. ______
5. ______
6. ______

7. ______
8. ______
9. ______

D2 Ich sehe viele Bäume ...

Schreiben Sie die Wörter aus D1 im Plural.

Ich sehe ...

1. *viele Bäume*
2. *viele* ______
3. ______
4. ______
5. ______
6. ______
7. ______
8. ______
9. ______

Tipp

Lernen mit Wortkarten

Lernen Sie mit Bildern. Schreiben Sie das neue Wort mit Artikel und Plural auf die eine Seite der Karte. Malen Sie das Wort auf die andere Seite der Karte. Sie können auch Bilder aus Zeitschriften benutzen.

D3 Eine Postkarte aus dem Urlaub

Ergänzen Sie.

Wetter • Urlaub • Grüße • Hotel • Essen • Meer • ~~Woche~~ • Grad • Strand

Liebe Regina,

wir machen eine (1.) *Woche* Urlaub in einem sehr schönen (2.) ________ in Timmendorf. Das (3.) ________ ist super. Das (4.) ________ im Hotel schmeckt sehr gut. Wir gehen jeden Tag im (5.) ________ schwimmen und am (6.) ________ spazieren. Das Wasser hat 23 (7.) ________. Leider ist der (8.) ________ wie immer viel zu kurz.

Liebe (9.) ________ von

Marion

Regina Mayer

Friedrich-List-Str. 44

99423 Weimar

D4 Norden, Süden, Osten und Westen

Ergänzen Sie.

Norden • Süden • Osten • Westen

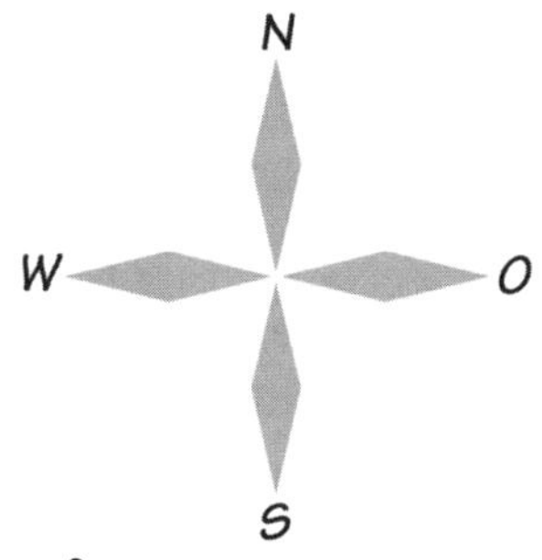

1. Oben ist ________.
2. Unten ist ________.
3. Links ist ________.
4. Rechts ist ________.

! Tipp

Himmelsrichtungen

Der Artikel ist immer maskulin: ***der** Norden*, ***der** Süden*, ***der** Osten*, ***der** Westen*

D5 Auf dem Land

Ordnen Sie zu.

See • ~~Berg~~ • Straße • Dorf • Wald • Stadt • Fluss • Schwimmbad • Kirche

das • die • ~~der~~ • die • der • der • das • die • der

1. *der Berg*
2. ______
3. ______
4. ______
5. ______
6. ______
7. ______
8. ______
9. ______

D6 Hier sind Berge ...

Schreiben Sie die Wörter aus D5 im Plural.

Hier sind ...

1. *Berge*	4. ______	7. ______
2. ______	5. ______	8. ______
3. ______	6. ______	9. ______

Tipp

***ss* oder *ß*?**

Nach kurzem Vokal steht ***ss:*** *der Fluss, der Pass, Russland* ...

Nach langem Vokal und Diphthong *(au, ei, äu, eu)* steht ***ß:*** *Stra**ß**e, Gru**ß**, drei**ß**ig* ...

D7 Jahreszeiten in Deutschland

Ergänzen Sie.

der Winter • der Sommer • der Frühling • der Herbst

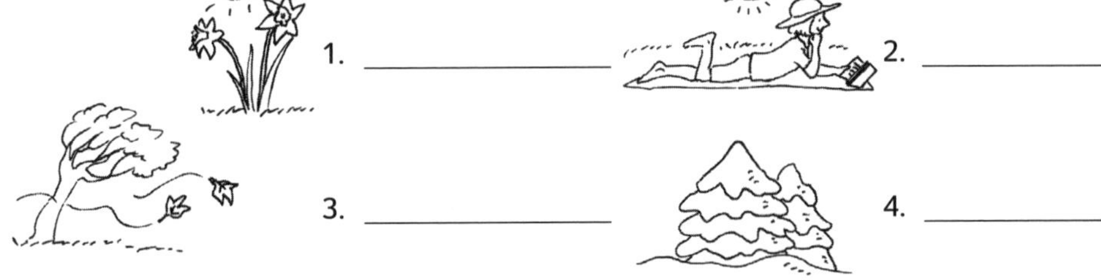

1. ______________ 2. ______________

3. ______________ 4. ______________

! Tipp

Jahreszeiten

Der Artikel ist immer maskulin: ***der** Frühling,* ***der** Sommer,* ***der** Herbst,* ***der** Winter*

D8 Ich mag den Frühling

Ergänzen Sie.

Grad • heiß • kalt • Nebel • ~~Blumen~~ • Wald • Nachmittag • Sonne • schneit • Schnee • Jahreszeit • Schwimmbad • Wind • grün • warm • Regen

1. Ich mag den Frühling. In meinem Garten gibt es dann die ersten B*lumen* und alles wird wieder g_____. Morgens und abends ist es im Frühling noch kühl und frisch. Aber am N__________ scheint oft die S______ und es wird wärmer.
2. Der Sommer ist für mich die schönste J______________. Es ist oft w_____. Manchmal wird es auch h_____. Ich gehe dann gern ins S______________ oder an einen See. Wenn es am Vormittag über 30 G_____ hat, hat mein kleiner Sohn nur bis 11 Uhr Schule. Das nennt man „hitzefrei". Das gibt es aber nicht oft.
3. Im Herbst gibt es oft N______, W______ und R______. Das mag ich nicht so sehr. Aber der W______ ist im Herbst sehr schön: Die Blätter werden dann gelb, rot und braun.
4. Ich wohne in München. Dort ist es im Winter oft sehr k_____ und es gibt S_______. Ich freue mich, wenn es sch_____t. Dann kann ich Ski fahren.

D9 Monate

Ergänzen Sie die Vokale in den Monatsnamen.

1. Frühling: M*ä*rz, __pr__l, M__ __
2. Sommer: J__n__, J__l__, __ __g__st
3. Herbst: S__pt__mb__r, __kt__b__r, N__v__mb__r
4. Winter: D__z__mb__r, J__n__ __r, F__br__ __r

! Tipp
Monate
Der Artikel ist immer maskulin: ***der** Januar, **der** Februar, **der** März ...*

D10 Wetter

Ordnen Sie zu.

a)

b)

c)

d)

1. Die Sonne scheint. / Es ist sonnig. *a)*
2. Es gibt Schnee. / Es schneit. ___
3. Es gibt Wind. / Es ist windig. ___
4. Es gibt Nebel. / Es ist neblig. ___

D11 Das Wetter wird schlecht

Ergänzen Sie das Gegenteil. Tipp: Ordnen Sie die Buchstaben in den Klammern.

1. Es ist: trocken ↔ (assn) *nass*
2. Es ist: warm ↔ (atlk) ______
3. Das Wetter wird: schlecht ↔ (tgu) ______
4. Es bleibt: gut ↔ (lechtsch) ______

E. Reisen, Verkehr und Freizeit

E1 So kann man reisen

Ordnen Sie zu.

das Auto • ~~das Fahrrad (CH: das Velo)~~ • der Zug • der Bus • das Schiff • das Flugzeug • die U-Bahn • das Motorrad • die Straßenbahn (CH: die Tram)

1. *das Fahrrad (CH: das Velo)*
2. ______
3. ______
4. ______
5. ______
6. ______
7. ______
8. ______
9. ______

E2 Wie weit ist es zum Dom?

Was passt zusammen?

1. Wie weit ist es zum Dom?
2. Wie lange brauche ich zum Zoo?
3. Wo finde ich den Bahnhof?
4. Gibt es einen Bus?
5. Wohin fährt die Straßenbahn?
6. Können Sie mir den Weg zeigen?

a) Ja, die Linie 5.
b) Die Linie 16 fährt zum Hafen.
c) Tut mir leid, ich bin nicht von hier.
d) Fast zwei Kilometer.
e) Etwa eine halbe Stunde.
f) Gegenüber vom Dom.

1.	2.	3.	4.	5.	6.
d)					

Tipp

Haben Sie schon mal im Gehen gelernt? Probieren Sie es einmal aus. Man kann sich beim Spazierengehen gut konzentrieren und sich neue Wörter gut merken.

E3 In der Touristeninformation

Ergänzen Sie.

U-Bahn • Bus • ~~Stadtplan~~ • Straßenbahn (CH: Tram) • Kilometer • geradeaus • rechts • links • Prospekte (Pl) • am besten

- Entschuldigen Sie, haben Sie einen (1.) S<u>tadtplan</u> von München?
- Ja, hier ist ein Plan.
- Haben Sie auch Informationen über die Sehenswürdigkeiten?
- Bitte nehmen Sie die (2.) P__________ dort.
- Wie komme ich (3.) a__ b_______ von hier zum Englischen Garten?
- Laufen Sie von hier zum Odeonsplatz. Biegen Sie (4.) l_____ ab in die Ludwigstraße. Gehen Sie die Ludwigstraße (5.) g__________ bis zur Veterinärstraße. Dann biegen Sie (6.) r______ ab. Nach etwa einem (7.) K__________ kommen Sie zu einer Kreuzung mit einer Ampel. Da sehen Sie den Eingang zum Englischen Garten.
- Gibt es eine (8.) S_____________________ oder einen (9.) B___ zum Englischen Garten?
- Nein, aber Sie können zwei Stationen mit der (10.) U-_____ fahren. Von der Haltestelle Universität ist es nicht mehr weit.
- Vielen Dank für die Information. Auf Wiedersehen.

E4 Vor der Reise

Ergänzen Sie. Achten Sie bei Verben auf die korrekte Form.

Bahnhof • Flughafen • ~~Licht~~ • anmachen • geben • nehmen • holen • gehen • tragen • schließen • warten • fahren

1. Ich muss noch das L*icht* ausmachen und die Fenster schl______.
2. Das ist ja kalt im Auto. Kannst du die Heizung an_______?
3. G_____ wir zu Fuß oder n______ wir den Bus?
4. Entschuldigung, hält der Bus am B_______?
5. H_____ du das Auto? Ich w_____ hier mit den Kindern.
6. Bringst du mich zum F__________? Es f_______ noch kein Bus.
7. G_____ du mir die Pässe?
8. T______ du bitte den Koffer? Der ist so schwer.

E5 E-Mail an einen Freund

Ergänzen Sie.

Woche • sehen • Grüße • Hauptbahnhof • Dusche • Zug • Hotel • Reise • ~~Ferien~~

Neue E-Mail

Senden Chat Anhang Adressen Schriften Farben Als Entwurf sichern Fotoübersicht

An: Paul.Petermann@mnet.de

Betreff: Reise nach München

Lieber Paul,

in zwei Wochen fangen meine (1.) *Ferien* an. Ich plane eine (2.) __________ nach München zum Oktoberfest. Ich möchte gerne eine (3.) __________ bleiben. Kennst du ein billiges (4.) __________? Ich suche ein Einzelzimmer mit (5.) __________ oder Bad. Ich fahre mit dem (6.) __________ von Berlin nach München und komme am Freitag, den 29. September, am Münchner (7.) __________ an. Wann können wir uns dann (8.) __________?

Liebe (9.) __________ aus Berlin

Dein Leon

E6 Am Bahnhof

Wie heißen die Wörter?

1. ● Guten Tag, ich brauche eine (tehrFakar) *Fahrkarte* nach Karlsruhe.
2. ■ Einfach oder hin und (rüzuck) __________?
3. ● Hin und zurück, in der 1. (asKlse) ______________, bitte.
4. ■ Möchten Sie einen Platz (renerservie) _________________?
5. ● Ja, gerne. Fährt der Zug direkt nach Karlsruhe oder muss ich (steiumgen) _________________?
6. ■ Sie fahren mit dem ICE von München nach Stuttgart. Dort müssen Sie in einen anderen (guZ) _______umsteigen.
7. ● An welchem (hnsteigBa) ______________ fährt der Zug ab?
8. ■ Der Zug fährt an (isGle) ____________ 15 ab.

● Vielen Dank für die Auskunft.

■ Gute Reise!

E7 Abfahren und ankommen

Wie heißen die Verben?

1. die Reservierung *reservieren*
2. die Ankunft __________________
3. der Plan __________________
4. die Information __________________
5. der Abflug __________________
6. die Abfahrt __________________
7. die Reise __________________
8. die Übernachtung __________________

! Tipp

Nomen mit ***-ung*** haben immer den Artikel ***die***: ***die*** *Führung*, ***die*** *Besichtig****ung***

E8 Anruf im Hotel

Ergänzen Sie.

bezahlen • Schlüssel • Rezeption • Frühstück • kostet • Nichtraucher • Balkon • Doppelzimmer • bleiben • ~~reservieren~~

- Guten Tag, mein Name ist Schulze. Ich möchte gerne ein Zimmer (1.) *reservieren*.
- ■ Gerne. Wie viele Nächte wollen Sie (2.) ______________?
- Wir sind eine Woche in Berlin, also sieben Nächte.
- ■ Möchten Sie ein Einzelzimmer oder ein (3.) ______________?
- Wir nehmen ein Doppelzimmer. Haben Sie ein Zimmer mit (4.) ______________?
- ■ Ja. Möchten Sie ein Zimmer für Raucher oder (5.) ______________?
- Ein Nichtraucher-Zimmer bitte. Wie viel (6.) __________ das Zimmer?
- ■ Es kostet 650 Euro die Woche.
- Ist der Preis mit oder ohne (7.) ______________?
- ■ Der Preis ist inklusive Frühstück.
- Schön. Reservieren Sie das Zimmer bitte vom 24. bis zum 31. Oktober.
  Wir kommen am 24. Oktober am Abend in Berlin an.
- ■ Das ist kein Problem. Unsere (8.) ______________ ist 24 Stunden am Tag geöffnet.
  Sie können Ihren (9.) ______________ dort abholen.
- Eine letzte Frage: Kann man bei Ihnen mit Kreditkarte (10.) __________?
- ■ Sicher, das ist kein Problem.
- Danke.

E9 Wo und wie?

Ergänzen Sie die Verben in der korrekten Form.

suchen • sitzen • stellen • stecken • aufstehen • liegen • liegen • legen • stehen • ~~machen~~

1. ● Was m*achst* du? ■ Ich s_____ meine Brille. ● Die l_____ doch im Auto.
   ■ Ach ja!
2. ● Ihre Fahrkarte bitte. ■ Das gibt es doch nicht! Ich habe sie gerade noch gehabt.
   ▶ Du, die st_____ in deinem Hemd.
3. ■ Wo ist denn Simon? ● Er l_____ noch im Bett.
4. ● St_____ du den Koffer bitte auf den Wagen? ■ Gut. Oh, der ist aber schwer!
5. ■ Wie war die Fahrt? ● Ich musste die ganze Zeit st_____. ■ Oh je.
6. ● Ich glaube, Sie s_____ auf meinem Platz. ■ Oh, Entschuldigung.
7. ■ Ich l_____ dir die Tickets fürs Kino auf den Tisch. ● Danke.
8. ● Es ist schon 7 Uhr. Du musst auf_______! ■ Och ... Nur noch fünf Minuten!

E10 Keine Zeit!

Ergänzen Sie.

Minuten • Tage • Wochen • Stunden • ~~Monate~~ • Sekunden

1. Das Jahr hat nur zwölf *Monate*.
2. Ein Monat hat nur vier __________.
3. Eine Woche hat nur sieben __________.
4. Ein Tag hat nur vierundzwanzig __________.
5. Eine Stunde hat nur sechzig __________.
6. Eine Minute hat nur sechzig __________.

E11 Die Woche

Ordnen Sie zu.

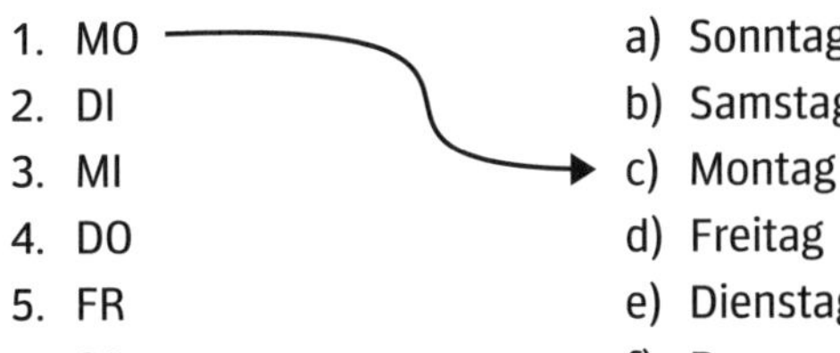

1. MO	a) Sonntag
2. DI	b) Samstag
3. MI	c) Montag
4. DO	d) Freitag
5. FR	e) Dienstag
6. SA	f) Donnerstag
7. SO	g) Mittwoch

1.	2.	3.	4.	5.	6.	7.
c)						

E12 Hobbys

Ordnen Sie zu.

ins Theater gehen • fotografieren • lesen • spazieren gehen • ~~Fußball spielen~~ • Musik hören • fernsehen • Rad fahren • schwimmen

1. 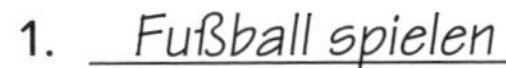 *Fußball spielen*

2. ____________

3. ____________

4. ____________

5. ____________

6. ____________

7. ____________

8. ____________

9. ____________

E13 Ich habe frei

Finden Sie das passende Wort.

Feiertag • Wochenende • Urlaub • Ferien • ~~frei~~

1. Ich muss heute nicht arbeiten. = Ich habe frei.
2. Ich habe keine Schule. = Ich habe ________.
3. Ich muss diese Woche nicht arbeiten. = Ich habe ________.
4. Ich muss Samstag und Sonntag nicht arbeiten. = Da ist ________.
5. Der 3. Oktober ist kein Arbeitstag. = Der Tag ist ein ________.

E14 Petras Woche

Bilden Sie Sätze. Achten Sie bei den Verben auf die korrekte Form.

Mo	Di	Mi	Do	Fr	Sa	So
18 Uhr schwimmen gehen	20 Uhr ins Kino gehen mit Paul	16 Uhr joggen	19 Uhr mit Freunden treffen	15 Uhr Tennis spielen	11 Uhr Rad fahren	lange schlafen!

1. Am Montag geht Petra um 18 Uhr schwimmen.
2. Am Dienstag ________
3. Am ________
4. ________
5. ________
6. ________
7. ________

E15 Leonie und Moritz gehen ins Kino

Ergänzen Sie.

spät • pünktlich • Eingang • um • treffen • Tickets (Pl) • sehen • Plätze (Pl) • vorne • hinten • bis • von • ~~Karten (Pl)~~ • anrufen

Leonie: Hallo Moritz, kannst du (1.) Karten fürs Kino reservieren?

Moritz: Ja. Wann kann ich dort (2.) ______________?

Leonie: Die Kinokasse ist (3.) ________ 15 Uhr (4.) _______ 20 Uhr geöffnet.

Moritz: Möchtest du lieber (5.) __________ oder (6.) ___________ sitzen?

Leonie: Die (7.) ____________ weiter hinten sind gut. Da kann man den Film besser (8.) ___________.

Moritz: Für welche Vorstellung soll ich (9.) _______________ holen?

Leonie: Für den Film (10.) ___________ 17 Uhr.

Moritz: Okay, wo sollen wir uns dann (11.) ___________?

Leonie: Wir treffen uns um 16 Uhr 30 am (12.) ___________. Bitte sei (13.) ___________.

Moritz: Ich komme nie zu (14.) _______________!

Leonie: Gut. Dann bis später.

E16 Früher und später

Wie heißt das Gegenteil?

uninteressant • letzte • pünktlich • nie • Ausgang • geschlossen • schnell • ~~später~~

1. Der Zug kommt *früher*. ⟷ Der Zug kommt später.
2. Das Auto fährt *langsam*. ⟷ Das Auto fährt ____________.
3. Die Disco ist *geöffnet*. ⟷ Die Disco ist ____________.
4. Wir treffen uns am *Eingang*. ⟷ Wir treffen uns am ___________.
5. Ich gehe *immer* tanzen. ⟷ Ich gehe _________ tanzen.
6. Ich komme *zu spät*. ⟷ Ich komme _____________.
7. Der Film ist *interessant*. ⟷ Der Film ist ______________.
8. Das ist die *erste* U-Bahn. ⟷ Das ist die __________ U-Bahn.

E17 Entschuldigen Sie, wie viel Uhr ist es?

Schreiben Sie die Uhrzeiten.

Viertel vor neun • ~~halb acht~~ • fünf vor zwölf • zehn nach drei • fünf Uhr • Viertel nach elf

1. *Es ist halb acht.*

2. *Es ist* ______________

3. ______________

4. ______________

5. ______________

6. ______________

F. Essen, Trinken und Einkaufen

F1 Lebensmittel

Ordnen Sie zu und ergänzen Sie den Artikel.

Apfel • Zitrone • Orange (A: Apfelsine) • Salat • ~~Suppe~~ • Käse • Nudeln (Pl) • Pommes (Pl) • Kartoffel (A: Erdapfel) • Brot • Fleisch • Fisch • Eis • Kuchen • Schokolade • Marmelade

der • der • der • der • der • ~~die~~ • die • die • die • die • die • die • die • das • das • das

1. *die Suppe* 2. ______ 3. ______ 4. ______

5. ______ 6. ______ 7. ______ 8. ______

9. ______ 10. ______ 11. ______ 12. ______

13. ______ 14. ______ 15. ______ 16. ______

F2 Beim Frühstück

Ergänzen Sie.

Käse • Salz • Hunger • Butter • Brot • Kaffee • Milch • ~~Durst~~

- ● Mama, ich habe (1.) *Durst*. Kann ich ein Glas (2.) __________ haben?
- ▶ Hier, bitte.
- ■ Mama, ich habe (3.) __________. Kann ich eine Scheibe (4.) __________ bekommen?
- ▶ Ja, hier ist eine.
- ○ Maria, kannst du mir bitte eine Tasse (5.) __________ einschenken?
- ▶ Gerne.
- ● Mama, ich brauche die (6.) __________ für mein Brötchen.
- ▶ Sie ist neben deinem Teller.
- ○ Maria, kannst du mir das (7.) __________ für mein Ei geben?
- ▶ Hier, bitte.
- ■ Mama, wo sind der (8.) __________ und die Wurst?
- ▶ Du musst sie aus dem Kühlschrank holen.
- ● Mama, wo ...?
- ▶ Jetzt ist genug! Ich möchte auch gern frühstücken.

F3 Getränke und Essen

Ordnen Sie zu und ergänzen Sie den bestimmten Artikel.

Brot • Kaffee • Saft • Tee • Eis • ~~Bier~~ • Reis • Wasser • Nudeln (Pl) • Wein • Suppe • Kuchen • Pommes (Pl)

1. kalte Getränke: *das Bier,* ________________
2. warme Getränke: ________________
3. kaltes Essen: ________________
4. warmes Essen: ________________

Tipp

Alkoholische Getränke haben meistens den Artikel ***der***: ***der*** *Wein*, ***der*** *Schnaps …*
Aber: ***das*** *Bier*

Tipp

So lernen Sie schnell:
Sprechen Sie neue Wörter beim Lernen. Sprechen Sie die Wörter unterschiedlich: einmal laut, einmal leise, einmal langsam, einmal schnell.

Tipp

Lernen Sie regelmäßig!
Zum Beispiel immer morgens nach dem Frühstück oder jeden Abend von 19.00 bis 19.15 Uhr oder immer abends vor dem Schlafen. So behalten Sie neue Wörter gut.

F4 Im Restaurant

Ergänzen Sie.

Rechnung • Appetit • zahlen • Essig • Pfeffer • Salat • Suppe • Menü • bestellen • Bier • trinken • Speisekarte • reserviert • macht • ~~Platz~~ • Kreditkarte • bar • frei

- ● Entschuldigen Sie bitte, ist dieser (1.) _Platz_ noch (2.) __________?
- ■ Tut mir leid, dieser Tisch ist (3.) __________. Aber der Tisch daneben ist noch frei.
- ● Danke. Könnte ich bitte die (4.) __________ haben? Ich möchte etwas essen.
- ■ Hier, bitte. Möchten Sie schon etwas zu (5.) __________ bestellen?
- ● Ja, ein (6.) __________, bitte.

- ■ Was möchten Sie (7.) zu essen __________?
- ● Ich hätte gerne das (8.) __________, bitte. Als Vorspeise die (9.) __________ und als Hauptspeise den Schweinebraten mit Knödel und (10.) __________.
- ■ Sehr gerne.

- ■ Hier, Ihre Hauptspeise. Guten (11.) __________!
- ● Entschuldigung, könnten Sie mir bitte Salz und (12.) __________ bringen?
- ■ Hier, bitte.
- ● Für den Salat brauche ich noch (13.) __________ und Öl.
- ■ Kommt sofort.

- ● Ich möchte (14.) ___________, bitte.
- ■ Die (15.) _______________ kommt sofort.
- ● Kann ich auch mit (16.) ________________ bezahlen?
- ■ Nein, bei uns können Sie nur (17.) ___________ bezahlen. Das (18.) _______________ 16,50 Euro.
- ● Hier, bitte. Das stimmt so.
- ■ Vielen Dank!

! Tipp

In Deutschland können Sie der Bedienung in Cafes und Restaurants ein Trinkgeld geben, Sie müssen aber nicht. Trinkgeld gibt man, wenn man mit dem Service zufrieden war. Üblich ist es, bis 10 % der Rechnungssumme zusätzlich zu zahlen oder die Rechnung aufzurunden. Aufrunden heißt, dass eine Summe in die nächstgrößere runde Zahl verwandelt wird. Beispiel: Die Bedienung sagt: „Das macht zusammen 18,20 €." Der Gast gibt ihr einen 20-Euro-Schein und sagt: „Stimmt so."
Nicht üblich ist es, in Lokalen das Trinkgeld auf dem Tisch liegen zu lassen. Auch Taxifahrern, Friseuren und Zimmermädchen in Hotels gibt man häufig Trinkgeld.
In Österreich heißt Trinkgeld *Schmatt* oder *Schmattes*. In Lokalen gibt man 10 % der Rechnungssumme Schmatt, in Wiener Kaffeehäusern bis zu 15 %. In der Schweiz ist in Lokalen ein Bedienungsgeld von 15 % im Preis enthalten. Ein Trinkgeld ist nicht notwendig, die Bedienung freut sich aber, wenn Sie die Rechnung aufrunden.

F5 Geschirr und Besteck

Ordnen Sie zu.

der Teller • die Gabel • die Flasche • ~~das Messer~~ • das Glas • der Löffel

1. *das Messer* 2. __________ 3. __________

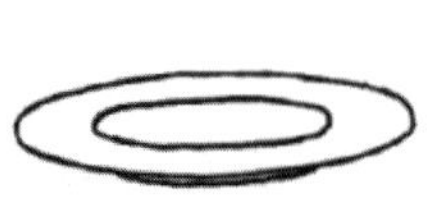

4. __________ 5. __________ 6. __________

F6 Wie schmeckt das Essen?

Wie heißt das Gegenteil?

sauer • besetzt • schlecht • kalt • hart • ~~trocken~~

1. Das Brot ist frisch. ↔ Das Brot ist *trocken*.
2. Das Ei ist weich. ↔ Das Ei ist __________.
3. Der Kaffee ist heiß. ↔ Der Kaffee ist __________.
4. Das Essen schmeckt gut. ↔ Das Essen schmeckt __________.
5. Der Platz ist frei. ↔ Der Platz ist __________.
6. Die Orange ist süß. ↔ Die Orange ist __________.

F7 Haben wir noch Milch?

Ergänzen Sie. Achten Sie bei Verben auf die korrekte Form.

Supermarkt • mitnehmen • kaufen • brauchen • mögen • ~~Metzger~~ • Bäcker • Brötchen (Pl) • Apotheke • Fleisch • Kilo • Gemüse • Kiosk

● Kaufst du das Hackfleisch beim (1.) M*etzger* (A: Fleischhauer)? Das (2.) F________ ist dort nicht so fett wie im Supermarkt.

■ O. K. Soll ich auch noch Wurst mitbringen?

● Ja, (3.) n____ ____, was du (4.) m_____.

■ Soll ich auch noch (5.) G_______ und Obst (6.) k_______?

● Ja, Äpfel, Bananen und Orangen. Und wir (7.) b_________ auch noch Kartoffeln.

■ Wie viel Kartoffeln willst du denn?

● Ein (8.) K____ reicht.

■ Soll ich auch noch Brot oder (9.) B_________ (A: Semmeln; CH: Brötli) kaufen?

● Nein, der (10.) B_______ hat doch sonntags auf.

■ Haben wir noch Milch?

● Nein, aber ich fahre noch zum (11.) S__________.

■ Gehst du in die (12.) A_________ und holst die Medikamente für Oma?

● Ja, und die Zeitung?

■ Die hole ich gleich am (13.) K_____ (A: in der Trafik).

! Tipp

Brötchen oder Semmeln?

Es gibt verschiedene Wörter für das Wort *Brötchen*. In Österreich und Bayern, z. B. in München, sagt man normalerweise *Semmel*. In manchen Teilen Süddeutschlands, z. B. in Stuttgart, sagt man *Breedle* oder *Weggle*. In der Schweiz heißen Brötchen *Brötli* oder *Bürli*. Und in Berlin sind Brötchen *Schrippen*.

F8 Die Bäckerei hat sonntags auf

Ordnen Sie die Buchstaben in Klammern und ergänzen Sie.

1. der (tagoMn) *Montag – montags*
2. der (tasDieng) ____________________
3. der (wochttMi) ____________________
4. der (ersnnDotag) ____________________
5. der (tageiFr) ____________________
6. der (tagmsSa) ____________________
7. der (nntagSo) ____________________
8. der (ochWengat) ____________________

Tipp

Wochentage haben immer den Artikel ***der**: **der** Montag, **der** Dienstag ...*
Die Bäckerei hat ***sonntags*** auf. = Die Bäckerei hat jeden Sonntag auf.

F9 Was kaufe ich wo?

Ordnen Sie zu.

1. Brötchen und Brot hole ich
2. Medikamente bekomme ich
3. Ich kaufe Obst und Gemüse oft
4. Ich kaufe Wurst und Fleisch
5. Milch, Zucker und Reis kaufe ich

a) in der Metzgerei (A: Fleischhauerei).
b) im Supermarkt.
c) in der Apotheke.
d) im Obstladen oder auf dem Markt.
e) in der Bäckerei.

1.	2.	3.	4.	5.
e)				

F10 Im Obstladen einkaufen

Ergänzen Sie die passenden Sätze.

Oh, das ist mir zu teuer. • Nein, danke. Das ist alles. •
Ich hätte gern ein Pfund Tomaten. • Ich bin dran.

● Wer ist der Nächste?

■ (1.) *Ich bin* ______________________

● Bitte schön?

■ (2.) ______________________

● Noch etwas?

■ Fünf Bananen bitte. ... Und, haben Sie Erdbeeren?

● Ja, aus Südafrika. Die Schale vier Euro.

■ (3.) ______________________

Dann nehme ich eine Ananas.

● Sonst noch etwas?

■ (4.) ______________________

● Das macht dann acht Euro dreißig.

F11 Die Verkäuferin fragt ...

Ordnen Sie die Wörter und schreiben Sie die Satzanfänge groß.

1. etwas – sonst – noch – ?
   Sonst noch etwas?
2. es – ein – darf – sein – bisschen – mehr – ?
   ____
3. wünschen – Sie – ?
   ____
4. Sie – viel – wie – möchten – ?
   ____
5. das – alles – ist – ?
   ____
6. ich – Ihnen – kann – helfen – ?
   ____

F12 Der Kunde sagt ...

Suchen Sie die Sätze und schreiben Sie.

FJFJGEBENSIEMIRBITTEEINENKOPFSALATDGSKZRZLUHABENSIEEIERF
JJKFGNEINDANKEDASISTALLESJHFWIEVIELKOSTENDIEERDBEERENHG
FJFDHRDFFGDTZDFWOFINDEICHDENZUCKERXMHGDHDASISTALLESC

1. *Geben Sie mir bitte einen Kopfsalat.*
2. ______
3. ______
4. ______
5. ______
6. ______

F13 Wie viel möchten Sie denn?

Ergänzen Sie. Es gibt manchmal mehrere Möglichkeiten.

(der) Becher • (der) Liter • (die) Packung • (das) Gramm • (die) Flasche • (das) Kilo • (die) Dose (CH: (die) Büchse) • fünf • (das) Pfund

In der Metzgerei

Ich möchte gerne ...

... ein (1.) *Pfund* / ______ Hackfleisch,

... hundert (2.) ______ Salami.

Im Obstladen

Ich hätte gerne ... ...

... (3.) ______ Bananen,

... ein (4.) ______ /______ Kartoffeln .

Im Supermarkt

Wir brauchen noch ...

... einen (5.) ______ Sahne,

(A: Schlagobers)

... zwei (6.) ______ /______ Milch,

eine (7.) ______ Kaffee,

... eine (8.) ______ Pizzatomaten.

F14 Kaufen und verkaufen

Ordnen Sie zu.

1. Soll ich noch einkaufen?
2. Holst du Brötchen? Und wir brauchen auch noch Brot fürs Wochenende.
3. Ich möchte das als Geschenk.
4. Ich möchte diese Schuhe in Größe 40.
5. Gibt es das Fahrrad auch in einer anderen Farbe?
6. Wo finde ich Winterjacken für Kinder?
7. Lila mag ich nicht. Können Sie mir den Pullover in einer anderen Farbe zeigen?
8. Gefällt dir das Kleid?
9. Wo finde ich die Computer im Sonderangebot?
10. Was machen wir mit dem alten Tisch?

a) Ich kann Ihnen den Pullover in Grün und in Schwarz bringen.

b) Im zweiten Stock.

c) Ja, gern. Welches Papier möchten Sie denn?

d) Ja, aber beeile dich. Hier schließen die Geschäfte alle schon um 18 Uhr.

e) Die Computer im Sonderangebot sind leider schon aus.

f) Die gibt es leider nicht mehr in Größe 40.

g) Ich kann Ihnen das Fahrrad gerne in Blau bestellen.

h) Wir können ihn auf dem Flohmarkt* verkaufen.

i) Ja, es ist sehr schön.

j) Ja, ich fahre gleich zum Bäcker.

Flohmarkt = Markt, auf dem man gebrauchte und alte Sachen kaufen und verkaufen kann

1.	2.	3.	4.	5.	6.	7.	8.	9.	10.
d)									

! Tipp

Gibt es zu Ihrem Lehrbuch eine Hör-CD? Hören Sie diese CD oft. Haben Sie vielleicht noch einen alten Kassettenrekorder oder ein Diktiergerät? Dann können Sie neue Wörter sprechen und aufnehmen. Sie können auch das Mikrofon Ihres Computers benutzen und die Daten auf Ihrem MP3-Player speichern. – Aber egal, welche Technik Sie nehmen: Hören Sie Ihre neuen Wörter immer wieder. So lernen Sie optimal.

F15 Kleider

Ergänzen Sie mit dem unbestimmten Artikel.

(der) Rock (CH: (der) Jupe) • (das) T-Shirt • (die) Bluse • (die) Hose • (das) Hemd • ~~das Kleid (CH: (der) Rock)~~ • (der) Pullover • (der) Mantel • (die) Jacke

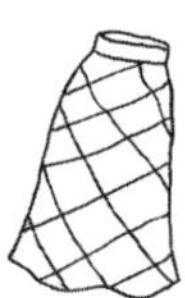
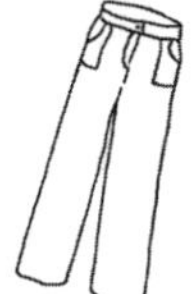

Ich suche 1. *ein Kleid (CH: einen Rock)* 2. ______ 3. ______

Ich suche 4. ______ 5. ______ 6. ______

Ich suche 7. ______ 8. ______ 9. ______

F16 Wie ist die Hose?

Unterstreichen und ordnen Sie die Adjektive.

V<u>BILLIG</u>IOZJNPSCHÖNAGFSAUBERCGCHDJ
FSCHMUTZIGTIUGRAUKWQPFHGHÜBSCHFZ
LDUIRFMODERNGDHMOROTUIKNETTAJIFP
FGKRRIFGRÜNZWJFPMFHBLAUSCYZOGELB
DGKSCHWARZHGGWTEUERDVXPGÜNSTIGP

1. Aussehen: ______
2. Farbe: ______
3. Preis: *billig,* ______

G. Amt, Post, Bank und Polizei

G1 Post und Telefon

Ordnen Sie zu.

der ~~Absender~~ • der Empfänger • die Postleitzahl • die Briefmarke • die Adresse

das Handy • das Päckchen (A: das Packerl) • das Paket • das Telefonbuch • die Postkarte • das Telefon

6. ______ 7. ______ 8. ______

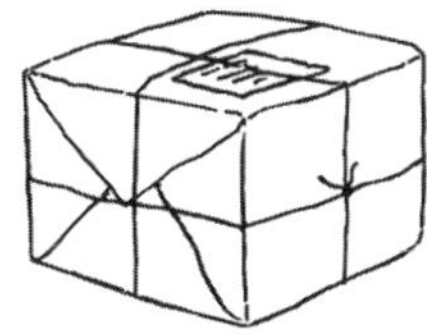

9. ______ 10. ______ 11. ______

Tipp

das „chenlein"

Wörter mit der Endung *-chen* und *-lein* haben immer den Artikel *das* (neutral).

das** Päck**chen**, **das** Mäd**chen**, **das** Brief**lein (= kleiner Brief)

G2 Am Schalter

Ergänzen Sie. Achten Sie bei Verben auf die korrekte Form.

~~abholen~~ • Euro • Brief • abgeben • schicken • Paket • bekommen • bekommen • Kilogramm • Ausweis • kriegen • kosten • anrufen • ausfüllen • finden • ankommen • machen • Postleitzahl • Briefmarken • helfen • Gramm

1. ● Ich möchte ein Paket ab*holen*. ■ Da brauche ich einen A______. ● Hier, bitte.

2. ▶ Das Paket können Sie hier ab______. ● Danke.

3. ● Kann ich das als Päckchen sch______? ■ Nein, das sind mehr als zwei K_________. Das geht nur als P_____.

4. ▶ Kann ich bei Ihnen Briefmarken be_______? ■ Nein, leider nicht, aber die k_______ Sie am Schalter nebenan.

5. ▶ Guten Tag. Ich hätte gerne fünf B___________ zu 55 Cent und zwei zu 1 Euro 45. ● Das m_____ 5 Euro 65. Bitte schön.

6. ■ Für Päckchen in die USA müssen Sie dieses Formular aus_______. ● In Ordnung.

7. ● Ich habe ein Paket nicht be_______. ■ Da kann ich Ihnen leider nicht h______. Da müssen Sie bei dieser Telefonnummer an______.

8. ■ Hier fehlt die P____________. ● Die weiß ich leider nicht. ■ Die Postleitzahlen f______ Sie in dem dicken gelben Buch da drüben. ● Danke.

9. ● Was k______ dieser B____ in die USA? ■ Der wiegt 20 G_____. Das macht 1 Eu__ 70.

10. ■ Wie lange dauert es, bis der Brief an_______? ● Normalerweise einen Tag.

G3 E-Mail, Brief, SMS und Formular

Was passt nicht?

Man kann ...

1. ... eine (CH: ein) E-Mail: bekommen – ~~ausfüllen~~ – schreiben – schicken
2. ... einen Brief: schreiben – abgeben – buchstabieren – schicken
3. ... eine SMS: bekommen – ankreuzen – schicken – schreiben
4. ... ein Formular: abgeben – ausfüllen – kosten – unterschreiben

Tipp

Zu Nomen passen bestimmte Verben: *eine E-Mail bekommen, eine E-Mail schreiben ...*
Lernen Sie Nomen mit passenden Verbindungen.
Lernen Sie mit Karteikarten? Dann können Sie solche Verbindungen auch auf Ihren Karteikarten notieren.

G4 Auf dem Amt

Bilden Sie Sätze.

1. Kann / Ihnen / helfen / ich

   Kann ich Ihnen helfen?

2. müssen / eine Nummer / Sie / zuerst / ziehen

   ____

3. Sie / ausfüllen / dieses Formular / müssen

   ____

4. Sie / einen Moment / warten / Bitte

   ____

5. abgeben / das Formular / können / hier / Sie

   ____

G5 Geld

Ergänzen Sie. Achten Sie bei Verben auf die korrekte Form.

Bank • Bankleitzahl • wechseln • Konto • Kontonummer • ~~Geld~~ • Geldautomat • überweisen • Überweisung • Kreditkarte

1. Ich muss noch G*eld* holen. Weißt du, wo hier ein G__________ ist?
2. Guten Tag, ich möchte 250 Euro auf mein K_____ einzahlen.
3. Kannst du die Rechnung heute noch ü__________?
4. Können Sie mir bitte den 100-Euro-Schein (CH: die 100-Euro-Note) w________?
5. Gibst du mir deine K__________ und die B__________?

   Dann überweise ich dir das Geld.
6. Kann ich mit K__________ bezahlen?
7. Mach doch die Ü__________ am Automaten bei deiner B____. Dort kostet es nichts.

G6 Telefon, Fax und Handy

Ergänzen Sie. Achten Sie bei Verben auf die korrekte Form.

Unterschrift • Fax • Telefonnummer • ausmachen • ~~anrufen~~ • besetzt • E-Mail • schicken • telefonieren • Ausland • Brief • sprechen

1. Ich wollte dich _anrufen_, aber es war den ganzen Abend ______________.
2. Warte, ich muss noch mein Handy ______________.
3. Mein Handy geht nicht. Kann ich mal kurz mit deinem ______________?
4. ● Sie können die Anmeldung als Fax ______________. ■ Ich habe leider kein ______________. Kann ich Ihnen auch eine (CH: ein) ______________ schicken? ● Nein, leider nicht. Ich brauche Ihre ______________. ■ Dann schicke ich sie als ______________. ● Gut.
5. ● Die ______________ stimmt nicht. ■ Doch, die stimmt. Du darfst nur nicht die 0 wählen, wenn du aus dem ______________ anrufst.
6. ● ______________ ich mit Herrn Böttjer? ■ Nein, tut mir leid. Da haben Sie sich verwählt.

E-Mail-Adresse • Internet • geben • Auskunft • Computer • verstehen • Anruf • ankommen

7. Ich ______________ dich schlecht, kannst du lauter sprechen?
8. Du, ich muss Schluss machen. Ich warte auf einen wichtigen ______________.
9. ● Weißt du die Nummer von der ______________? ■ Ja, 11833.
10. ■ Kannst du mir deine Handynummer ______________? ● Du, die habe ich nicht im Kopf.
11. Deine (CH: Dein) E-Mail ist nicht ______________. Wir haben eine neue ______________.
12. Ich kann dir keine (CH: kein) E-Mail schicken. Mein ______________ ist kaputt. Ich komme nicht ins ______________.

G7 Polizei und Verkehr

Welche Situation passt zum Bild?

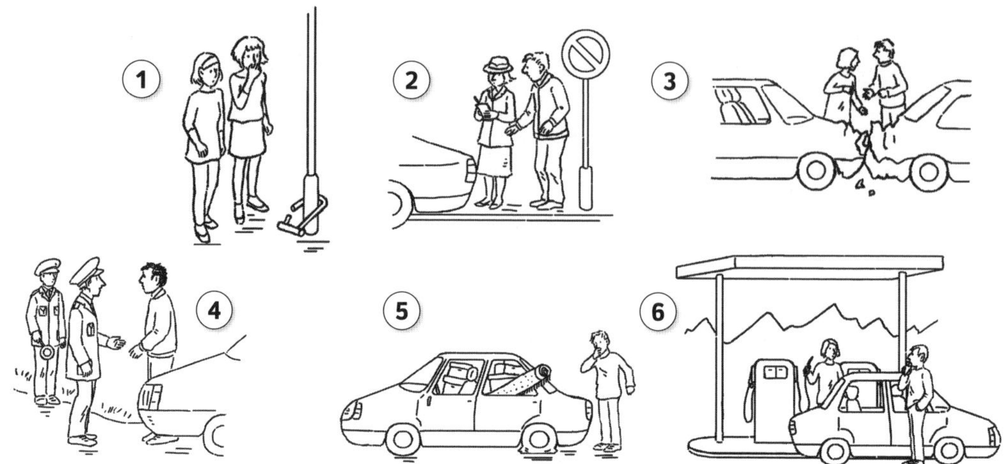

a) ● Polizeikontrolle. Kann ich bitte Ihre Papiere sehen?
■ Ja, hier ist mein Führerschein (CH: Führerausweis).
● Kann ich bitte auch Ihren Ausweis sehen? ■ Ja, Moment. Hier bitte, mein Pass.

b) ● Sie sind schuld! ■ Ich glaube, wir rufen besser die Polizei (A: Gendarmerie).

c) ● Mist! Mein Fahrrad ist weg.
■ Komm, wir gehen zur Polizei und machen eine Anzeige.

d) ● Sie parken im Parkverbot (CH auch: parkieren bzw. Parkierverbot).
■ Ich habe nur ganz kurz gehalten.

e) ● Soll ich volltanken?
■ Nein, nimm nur zwanzig Liter. In Österreich ist das Benzin billiger.

f) Oh je! Der Reifen ist kaputt.

1.	2.	3.	4.	5.	6.
c)					

! Tipp

Verben im Wörterbuch

Im Wörterbuch stehen Verben nur im Infinitiv. Sie finden nicht *kann*, aber *können*. Sie finden nicht *sind*, aber *sein*.
Sie suchen das Verb *kann* im Wörterbuch. Was machen Sie? Sie ergänzen die Infinitivendung *-en*: *kann* + ***-en***. *kannen* gibt es auch nicht im Wörterbuch. Probieren Sie andere Vokale: *i, o, ä, ö* ... Das hilft oft: *können* gibt es im Wörterbuch.

H. Schule, Arbeit und Beruf

H1 Rund um die Schule

Ordnen Sie zu und ergänzen Sie den Artikel.

~~Lehrerin~~ • Buch • Papier • Tafel • Schüler • Bleistift • Computer • Kugelschreiber • Heft

der • der • der • der • ~~die~~ • die • das • das • das

1. 
die Lehrerin

2. ______________

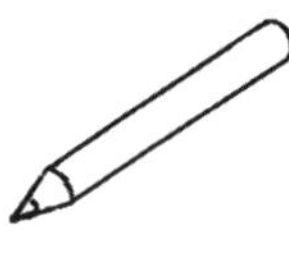

3. ______________

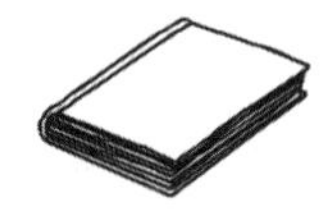

4. ______________

5. ______________

6. ______________

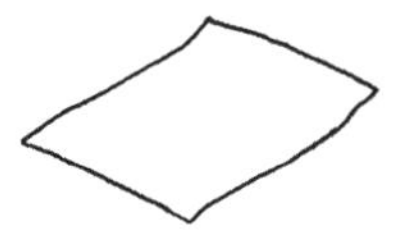

7. ______________

8. ______________

9. ______________

H2 Rechnen, lesen, schreiben

Was passt zusammen? Manchmal passen mehrere Möglichkeiten.

schreiben • rechnen • lesen • singen • machen • lernen

1. eine Pause *machen*
2. ein Buch ______________
3. ein Lied ______________
4. eine Rechenaufgabe ______________
5. einen Text ______________
6. eine Sprache ______________

H3 Im Klassenzimmer

Ergänzen Sie. Achten Sie bei Verben auf die korrekte Form.

leicht • schlechten • üben • Texte (Pl) • Test • Wort • Klasse • fehlen • Grammatik • wiederholen • Pause • erklären • ~~Hausaufgaben (Pl)~~ • schwer

Lehrerin: Peter, wo sind deine (1.) H*ausaufgaben*?

Peter: Ich habe die Aufgaben nicht gemacht. Sie waren zu (2.) s______.

Können Sie mir die Aufgabe noch einmal (3.) e_______?

Lehrerin: Komm in der (4.) P_____ zu mir.

Dann (5.) w____________ wir die (6.) G__________.

Wo ist Paul heute?

Lena: Paul (7.) f_____. Er ist krank.

Lehrerin: In der (8.) K_____ ist es zu laut. Bitte seid leiser. Man versteht kein (9.) W_____.

Morgen schreiben wir einen (10.) T____ in Deutsch. Bitte wiederholt die (11.) T_____ auf Seite 20 und 22.

Lisa: Können wir heute die Grammatik noch einmal (12.) ü____?

Ich habe Angst vor einer (13.) s__________ Note.

Lehrerin: Keine Angst! Die Fragen sind (14.) l______.

H4 Nomen und Verb

Wie heißt das Verb?

1. die Frage _*fragen*_
2. die Antwort ____________
3. der Unterricht ____________
4. die Sprache ____________
5. die Übung ____________
6. die Arbeit ____________
7. der Test ____________
8. die Prüfung ____________

H5 Silbenrätsel – Schulfächer in Deutschland

Wie heißen die Wörter?

LO • ~~MA~~ • SCHICH • ~~THE~~ • SIK • PHY • ~~MA~~ • DE • ~~TIK~~ • ENG • ERD • GIE • LISCH • KUN • BIO • GE • TE

1. Die Schüler rechnen viele Aufgaben: *Mathematik*
2. Man lernt die Sprache von England und Nordamerika: ______________
3. Die Kinder bekommen Informationen über Länder und Städte: ______________
4. Man erklärt die Gesetze der Natur: ______________
5. Man spricht über Menschen, Tiere und Pflanzen: ______________
6. Man lernt etwas über die Vergangenheit: ______________

H6 Der Deutschkurs

Ergänzen Sie.

bestanden • Prüfung • falsch • ~~Sprache~~ • schreiben • Grammatik • Aufgaben (Pl) • richtig

Im Deutschkurs lernen die Schüler die deutsche (1.) *Sprache*. Sie lernen lesen, sprechen, (2.) ______________ und die (3.) ______________. Am Ende gibt es eine (4.) ______________. Die Schüler müssen 60 (5.) ______________ lösen. Wer nicht mehr als 20 Aufgaben (6.) ______________ und mindestens 40 Aufgaben (7.) ______________ hat, hat den Test (8.) ______________. Viel Glück!

H7 Berufe

Ordnen Sie zu.

die Ärztin • der Verkäufer • die Hausfrau • ~~der Lehrer~~ • der Friseur • der Polizist • der Bäcker • der Kellner • die Köchin

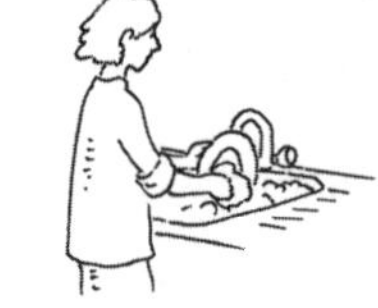

1. *der Lehrer*
2. ______________
3. ______________

4. ______________
5. ______________
6. ______________

7. ______________
8. ______________
9. ______________

H8 Berufe für Männer und Frauen

Ergänzen Sie.

1. der Polizist *die Polizistin*
2. der Friseur ______________
3. der Lehrer ______________
4. ______________ die Ärztin
5. der Verkäufer ______________
6. der Kellner ______________
7. ______________ die Köchin
8. der Bäcker ______________

! Tipp

Bei Berufen: Die weibliche Form ist oft die männliche Form + ***-in***:
der** Maler – die Maler**in**, der Bäcker – die Bäcker**in.
Aber: *die Hausfrau – der Hausmann, der Kaufmann – die Kauffrau, der Angestellte – die Angestellte.*

H9 Was arbeitest du?

Bilden Sie Sätze.

1. Ich bin Lehrerin. *Ich arbeite als Lehrerin.*
2. Ich bin Verkäufer. ____________________
3. Ich bin Taxifahrer. ____________________
4. Ich bin Polizistin. ____________________
5. Ich bin Friseur. ____________________

H10 Taxifahrer Peter Maurer

Ergänzen Sie.

Büro • Urlaub • Wochenende • Chef • Kollegen (Pl) • Firma • Job • verdienen • werden • Arbeitstage (Pl) • ~~studieren~~

Ich heiße Peter Maurer. Ich möchte gerne an der Universität Medizin (1.) *studieren* und Arzt (2.) __________. Doch zuerst muss ich Geld für mein Studium (3.) __________. Ich habe einen (4.) __________ als Taxifahrer bei der (5.) __________ Gassmann. Meine (6.) __________ und mein (7.) __________ sind sehr nett. Ich habe fünf (8.) __________ in der Woche. Am (9.) __________ habe ich frei.

Das nächste Wochenende werde ich mit Petra tanzen gehen. Sie arbeitet in unserer Firma im (10.) __________. In drei Wochen habe ich endlich (11.) __________. Dann fahre ich ans Meer!

H11 Erklärungen zur Arbeit

Wie heißen die Wörter?

kurz • Feierabend • gut • leicht • ~~selbstständig~~ • arbeitslos

1. Ich bin nicht angestellt. Ich bin *selbstständig*.
2. Ich habe keine Arbeitsstelle. Ich bin ______.
3. Der Job ist nicht schwer. Er ist ______.
4. Ich verdiene nicht schlecht. Ich verdiene ______.
5. Ich arbeite noch zwei Stunden. Ich habe noch nicht ______.
6. Mein Arbeitstag ist nicht lang. Er ist ______.

H12 Computer und Internet

Ordnen Sie die Wörter in Klammern und ergänzen Sie.

1. ● Gibst du mir deine (seAdres-E-ailM) *E-Mail-Adresse*?
   Ich möchte dir eine (ialM-E) ______ schicken.
   ■ Tut mir leid. Ich habe ein (blemPro) ______ mit dem (ternetIn) ______.
2. Ich konnte das (kumentDo) ______ nicht öffnen.
3. Kannst du den (puComter) ______ einschalten?
4. Kannst du mir die (teiDa) ______ kopieren? Ich muss den (xtTe) ______ heute ausdrucken.
5. ● Kann ich Ihnen ein (xaF) ______ schicken?
   ■ Tut mir leid, ich habe kein Faxgerät.

Teil 2: Grammatik

I. Verben

I1 ... und wer bist du?

Welches Verb passt? Ergänzen Sie in der richtigen Form des Präsens.

kommen • heißen • ~~sein~~ • sein • sein • arbeiten • sein • spielen • kommen • kommen • heißen • wohnen • spielen • heißen

■ Hallo, wer (1.) _bist_ du denn?

● Ich (2.) ________ Fernando und (3.) ________ jetzt auch hier in der Straße. Und ihr? Wie (4.) ________ ihr?

■ Ich (5.) ________ Hans, und das (6.) ________ Karin.

▶ Und mein Name (7.) ________ Marcel!

● Entschuldigung – wie (8.) ________ du?

▶ Marcel! Woher (9.) ________ du, Fernando?

● Meine Familie und ich, wir (10.) ________ aus Spanien. Mein Papa (11.) ________ jetzt in München.

■ (12.) ________ du gern Fußball, Fernando?

● Klar!

▶ Super! (13.) ________ wir heute Nachmittag?

● Gern, ich (14.) ________ um drei Uhr zum Spielplatz!

■ Gut, bis später!

▶ Tschüs, mach's gut!

I2 ... und wie ist, bitte, Ihr Name?

Was passt hier? Ergänzen Sie die Verben in der richtigen Form des Präsens.

sein • sein • sein • ~~finden~~ • arbeiten • freuen • beginnen

■ Entschuldigung, (1.) *finde* ich hier Herrn Sorger?

● Ja, ich (2.) ________ Herr Sorger.

■ Mein Name (3.) ________ Frau Menken, ich (4.) ________ hier nächste Woche meine Arbeit als Assistentin.

● Ach, natürlich! Freut mich, Frau Menken! Das hier (5.) ________ mein Kollege, Herr Weidlich. Sie (6.) ________ nächste Woche auch viel zusammen.

▶ Guten Tag, Frau Menken. Nett, Sie kennenzulernen!

■ Guten Tag, Herr Weidlich. Ich (7.) ________ mich auch!

! Tipp

Bei Verben mit *s, ß, z* am Ende des Stammes fällt das *s* der Endung in der 2. Person Singular weg: *du hei**ß**t* (nicht: ~~*heißst*~~)

Verben mit *t* oder *d* am Ende des Stammes haben ein extra *e* bei einigen Formen: *du arbeit**e**st, er arbeit**e**t, ihr arbeit**e**t*

I

I3 Eine schwierige Ehe ...

Ergänzen Sie das Verb in der richtigen Form des Präsens.

1. Ich _fahre_ sehr gern Motorrad, aber mein Mann ________ leider nie mit mir (fahren).
2. Ich ________ so gern Steak, aber mein Mann ________ nur Gemüse (essen).
3. Am Wochenende ________ ich bis um 11 Uhr, aber mein Mann ________ nicht gern lang (schlafen).
4. Ich ________ gern Liebesfilme, aber mein Mann ________ nur Fußball und Nachrichten (sehen).
5. Manchmal ________ ich meinen Hund (waschen), aber mein Mann ________ mir nicht (helfen). Er ________ lieber stundenlang sein Auto (waschen).
6. Ich ________ nicht so gern, aber mein Mann ________ jedes Jahr einen Marathon (laufen).
7. Ich ________ nicht gern Medikamente, aber mein Mann ________ jede Nacht eine Schlaftablette (nehmen).
8. Ich ________ gern Romane, aber mein Mann ________ nur Zeitungen und Sachbücher (lesen).
9. Beim Frühstück ________ mein Mann sehr viel, aber ich ________ am Morgen sehr wenig (sprechen).
10. Am Abend ________ ich gern Freunde, aber mein Mann ________ seine Freunde nur am Samstagabend (treffen).

... aber ich liebe meinen Mann trotzdem!

I4 Ein Tag im Leben von Frau Fleißig

Ergänzen Sie die passenden Verben.

aufräumen • vorbereiten • vorbereiten • ausmachen • abräumen • einkaufen • schreiben • einschlafen • fahren • anfangen • helfen • kochen • ~~aufwecken~~ • abholen • anrufen • aufhören • bringen • decken • liegen • fernsehen • aufhängen

1. Um 6 Uhr 30 _weckt_ sie die Kinder _auf_.
2. Dann ________ sie das Frühstück ____.
3. Nach dem Frühstück ________ sie den Tisch ____ und macht die Küche.
4. Dann ________ sie ihre Tochter in den Kindergarten und ihren Sohn in die Schule.
5. Um 8 Uhr 30 ________ sie mit ihrer Arbeit im Büro ____.
6. Sie ________ eine Präsentation ____, ________ Briefe und ________ ihre Kunden ____.
7. Um 13 Uhr ________ sie nach Hause und ________ ihre Tochter vom Kindergarten und ihren Sohn von einer Freundin ____.
8. Sie ________ den beiden ein Mittagessen.
9. Nach dem Mittagessen ________ sie ihrem Sohn bei den Hausaufgaben.
10. Am Nachmittag ________ sie die Wohnung ____.
11. Danach ________ sie im Supermarkt ____.
12. Ihre Kinder ________ im Wohnzimmer ____ und sie sagt zu ihnen: „Aber nach diesem Film ________ ihr den Fernseher ____!“
13. Sie ________ den Tisch fürs Abendessen.

14. Nach dem Abendessen ________ sie die Wäsche zum Trocknen ____.
15. Dabei denkt sie: „________ dieser Tag denn nie ____?“
16. Doch nach zwei Stunden am Schreibtisch ________ sie um 23 Uhr endlich im Bett und ________ ____.

I5 Mach doch mal!

Verbinden Sie die Sätze mit dem passenden Imperativ.

1. Ich habe genug Kaugummis.
   Bitte, _nimm_ dir doch einen!
2. Die Straße hat viele Kurven, ______ nicht so schnell!
3. Ich bin gleich fertig, Peter. ______ bitte einen Moment!
4. Ich habe ein bisschen Hunger, ______ mir doch bitte eine Banane!
5. ______ weg, das ist mein Platz!
6. ______ doch nicht so unfreundlich!
7. ______ keine Angst!
   Der Hund ist nicht gefährlich.
8. ______ doch etwas lauter!
   Ich verstehe dich nicht.
9. ______, wir gehen ins Kino!
10. ______ nicht so viel! Du wirst zu dick.
11. ______ mir bitte eure Blätter.
    Der Test ist zu Ende.
12. ______ Sie bitte mit mir, da vorne ist noch ein Platz frei!
13. ______ Sie bitte leise, in der Bibliothek dürfen Sie keinen Lärm machen.
14. ______ nicht nervös, der Test ist nicht schwer. Ihr könnt das!
15. Der Bahnhof? ______ Sie bis zur Ampel und dann rechts!

a) gib
b) geh
c) fahr
d) hab
e) komm
f) iss
g) nimm
h) gebt
i) seien
j) warte
k) sei
l) sprich
m) seid
n) gehen
o) kommen

1.	2.	3.	4.	5.	6.	7.	8.	9.	10.	11.	12.	13.	14.	15.
g)														

! Tipp

Imperativ für 2. Person Singular: ~~du~~ *nimm~~st~~*
~~du~~ *fähr~~st~~*

Imperativ für 2. Person Plural: ~~ihr~~ *gebt*

I6 Ein Ausflug nach Neuschwanstein

Ergänzen Sie die Verben in Klammern in der Vergangenheit.
Vorsicht: Für *sein* und *haben* gebraucht man meist das Präteritum!

1. Meine Klasse *hat* letztes Wochenende einen Ausflug zum Schloss Neuschwanstein *gemacht* (machen).
2. Wir _______ circa eine Stunde mit dem Bus _____________ (fahren).
3. An der Kasse _______ wir eine halbe Stunde _____________ (warten).
4. Dann _______ wir viele Zimmer _____________ (anschauen).
5. Wir _______ über Ludwig II. _____________ (diskutieren) – _______ (sein) er verrückt oder nicht?
6. Ich _______ ein paar Souvenirs _____________ (kaufen), sie _______ (sein) so schön!
7. Ich _______ auch _____________ (fotografieren), aber unser Lehrer _______ _____________ (sagen), das darf man nicht.
8. Dann _______ wir Pause _____________ (machen), in einem Café.
9. Dort _______ ich eine heiße Schokolade _____________ (bestellen).
10. Die Schokolade _______ (sein) gut, aber der Kuchen _______ nicht so gut _____________ (schmecken).
11. Um 7 Uhr abends _______ wir wieder nach Hause _____________ (kommen).
12. Ich _______ (sein) sehr müde und _______ gleich ins Bett _____________ (gehen).
13. Aber wir _______ (haben) einen schönen Tag!

I7 Der perfekte Sohn

Antworten Sie auf die Aufforderungen.

1. ■ Du musst dein Zimmer aufräumen! ● *Ich habe mein Zimmer schon aufgeräumt!*
2. ■ Mach doch endlich deine Hausaufgaben! ● ____________________
3. ■ Kaufst du bitte Brot für das Abendessen? ● ____________________
4. ■ Gibst du bitte den Blumen in deinem Zimmer Wasser? ● ____________________
5. ■ Hilfst du Sarah bei den Hausaufgaben? ● ____________________
6. ■ Du musst noch Klavier üben! ● ____________________
7. ■ Rufst du heute Abend Opa an? ● ____________________
8. ■ Gehst du heute ins Fitness-Studio? ● ____________________
9. ■ Holst du ein paar Flaschen Apfelsaft aus dem Keller? ● ____________________
10. ■ Bringst du das Buch in die Stadtbibliothek zurück? ● ____________________
11. ■ Nimm deinen Hustensaft! ● ____________________
12. ■ Bereitest du heute deine Präsentation für Geschichte vor? ● ____________________

I8 Veränderungen

Ergänzen Sie *sein* und *haben* im Präteritum.

1. Früher _war_ ich schlank. Jetzt bin ich dick.
2. Früher ______ ich keine Kinder. Jetzt habe ich fünf Kinder.
3. Früher ______ wir reich. Jetzt sind wir arm.
4. Früher ______ du viel Zeit. Jetzt hast du keine Zeit mehr.
5. Früher ______ es oft langweilig. Jetzt ist es nie mehr langweilig.
6. Früher ______ meine Eltern viel auf Reisen. Jetzt sind sie immer zu Hause.
7. Früher ______ unser Sohn lange Haare. Jetzt hat er kurze Haare.
8. Früher ______ wir eine kleine Wohnung. Jetzt haben wir ein großes Haus.
9. Früher ______ ich oft auf Partys. Jetzt bin ich abends sehr müde.
10. Früher ______ ich glücklich. ... und jetzt bin ich auch glücklich!

I9 Das will ich können!

Ergänzen Sie die Verben in den Klammern in der richtigen Präsens-Form.

1. Jutta _kann_ (können) gut Klavier spielen, aber sie ______ (müssen) jeden Tag üben.
2. Hans und ich ______ (wollen) Freitagabend zum Tanzen gehen. Das wird lustig, denn wir ______ (können) nicht gut tanzen!
3. Ich ______ (wollen) unbedingt fliegen lernen. Das ist aber teuer, deshalb ______ (müssen) ich zuerst viel Geld verdienen ...
4. ● ______ (können) du Schach spielen?
   ■ Ja, aber nicht so gut. Ich ______ (dürfen) wahrscheinlich nicht so schnell spielen, ich ______ (müssen) länger nachdenken.
5. Max ______ (wollen) im Winter einen Salsa-Kurs machen. Jetzt ______ (müssen) er aber noch eine Tanzpartnerin finden. Das ist schwierig, denn er ist ziemlich klein und er ______ (wollen) nicht, dass das Mädchen größer ist als er!
6. ● ______ (wollen) ihr mit mir Fußball spielen?
   ■ Gern, aber wir ______ (können) erst in einer Stunde kommen. Wir ______ (müssen) noch die Hausaufgaben fertig machen.

! Tipp

Alle Modalverben haben in der 1. und 3. Person Singular dieselbe Form (*ich **kann**, er **kann***) und enden **nicht** auf *-t*!

I10 Wünsche und Vorlieben

Ergänzen Sie *mögen* oder *möchten* in der richtigen Form.

1. ● *Möchtest* du ein Glas Whisky?

   ■ Vielen Dank, aber ich __________ keinen Whisky. Ich finde, er schmeckt schrecklich!

2. ● Wie findest du Mareike?

   ■ Sehr nett, ich __________ sie gern.

3. ● Jetzt __________ ich am Meer in der Sonne liegen ... Und du?

   ■ Ich __________ die Berge lieber. Wandern und die schöne Aussicht haben – da __________ ich jetzt sein!

4. ● __________ du lieber das Leben in der Stadt oder auf dem Land?

   ■ Ich __________ das Stadtleben, aber im Sommer __________ ich oft in der Natur sein. Da ist es auf dem Land schöner.

5. Ralf hat nur noch schlechte Noten in Mathematik. Er lernt nicht, denn er __________ seinen neuen Mathelehrer überhaupt nicht.

6. ● __________ ihr vor dem Essen einen Aperitif trinken?

   ■ Gerne! Ich __________ bitte einen Campari Orange.

   ▶ Für mich auch, bitte!

I11 Das geht wirklich höflicher!

Formulieren Sie den Satz als eine höfliche Frage.

1. Machen Sie das Fenster zu!	*Würden Sie bitte das Fenster zumachen?*
2. Hol eine Flasche Saft!	__________
3. Gib mir die Butter!	__________
4. Bringen Sie mir einen Kaffee!	__________
5. Rauchen Sie hier nicht!	__________
6. Schreibt das auf!	__________
7. Geh zum Einkaufen!	__________
8. Komm mal her!	__________
9. Sprich leise!	__________
10. Sei still!	__________

J. Nomen und Artikel

J1 Einkauf für eine Großfamilie

Ergänzen Sie auf dem Einkaufszettel die Wörter in der richtigen Pluralform.

die Nudel • das Ei • die Tomate • die Packung Kaffee • die Dose Bohnen • ~~der Apfel~~ • der Fisch • der Salat • der Becher Joghurt • das Brötchen • die Kiwi • die Traube • die Flasche Wein

1. 5 Kilo *Äpfel*
2. 1 Kilo Tr___ben
3. 2 Kilo Tom_____
4. 5 S__la___
5. 8 Fis____
6. 15 B______ Joghurt
7. 30 Ei___
8. 4 Dos___ Bohnen
9. 3 Kilo Nu_____
10. 20 Bröt_____
11. 6 F___sch___ Wein
12. 2 Pack______ Kaffee
13. 8 Ki___

Tipp

Lernen Sie die Nomen immer zusammen mit Artikel und Pluralform (*die Frau, -en; das Kind, -er* ...)!

J2 Wir haben Zwillinge!

Ergänzen Sie jeweils die Pluralform.

Letzte Woche hat meine Frau zwei Mädchen bekommen!

Jetzt brauchen wir ...

1. ... nicht nur einen Kinderwagen, sondern zwei _Kinderwägen_.
2. ... nicht nur eine Milchflasche, sondern zwei ______________.
3. ... nicht nur ein Bett, sondern zwei ____________.
4. ... nicht nur einen Autositz, sondern zwei ____________.
5. ... nicht nur einen Kinderlöffel, sondern zwei ____________.
6. ... nicht nur einen Kindergartenplatz, sondern zwei _________________.
7. ... nicht nur einen Teddy, sondern zwei ____________.

Später brauchen wir ...

8. ... nicht nur ein Fahrrad, sondern zwei ______________.
9. ... nicht nur eine Sonnenbrille, sondern zwei ______________.
10. ... nicht nur ein Kinderzimmer, sondern zwei ______________.
11. ... nicht nur ein Radio, sondern zwei ____________.
12. ... nicht nur einen Computer, sondern zwei _____________.
13. ... nicht nur einen Schreibtisch, sondern zwei ______________.
14. ... nicht nur eine Schultasche, sondern zwei ______________.

Und hoffentlich finden sie einmal ...

15. ... nicht nur einen Mann, sondern zwei ___________ – für jede einen!

J3 Nur ein Traum ...

Passt hier der bestimmte oder der unbestimmte Artikel?
Markieren Sie den richtigen Artikel.

Mein Traumhaus liegt an (1.) einem / ~~dem~~ See. Ich schwimme jeden Morgen in (2.) einem / dem See. (3.) Das / Ein Haus ist nicht zu groß, aber es hat (4.) einen / den sehr großen Garten. In (5.) dem / einem Garten sind (6.) – / die Blumen, (7.) – / die Bäume und (8.) ein / der Gemüsegarten. (9.) Der / Ein Gemüsegarten hat (10.) – / die Tomaten, (11.) die / – Zucchini, (12.) die / – Gurken, und (13.) – / die Kräuter. In (14.) einem / dem Garten soll auch genug Platz sein für (15.) die / – Tiere. Ich möchte (16.) die / – Hunde, (17.) – / die Hühner und (18.) das / ein Pferd.

In (19.) einem / dem Haus gibt es (20.) ein / das Schlafzimmer, zwei Bäder, (21.) eine / die Toilette, (22.) eine / die Küche und (23.) das / ein Wohnzimmer.

(24.) Das / Ein Schlafzimmer hat (25.) den / einen breiten Balkon. Im Wohnzimmer möchte ich sehr gerne (26.) den / einen Kamin.

Und natürlich möchte ich (27.) ein / das Segelboot!

J4 Was zu wem gehört

Ergänzen Sie die Possessivartikel in der richtigen Form.

1. Ich spreche über mich:

Mein Name ist Marlies. Ich habe zwei Geschwister: _________ Bruder heißt Peter und _________ Schwester heißt Gabi. Ich wohne mit _________ Eltern und _________ Geschwistern in München. Ach ja, und mit _________ Katze Beatrice!

2. Ich spreche mit dir:

Wie ist _________ Name? Claudio?
Wo lebst du und _________ Familie?
Ist das _________ Hund?
Der ist aber nett!

3. Ich erzähle dir von Hannes:

Der Junge auf dem Foto ist Hannes.
Er lebt in Hamburg. _________ Eltern sind geschieden und er wohnt bei _________ Vater.
Hier siehst du Hannes und _________ Freund John.
Die beiden besuchen gerade _________ Mutter in Köln.

4. Ich erzähle dir von Nathalie:

Hier auf dem Foto siehst du Nathalie. Da stehen sie und _________ Cousine Lea vor _________ Haus in Dresden. Und hier besuchen die beiden _________ Großeltern auf dem Land. Dort steht auch _________ Pferd. Das gehört Nathalie ganz allein!

5. Mein Bruder und ich sprechen über uns:

Wir wohnen im Süden von München.

_________ Haus ist nicht groß, aber sehr hübsch.

Besonders lieben wir _________ Garten, er ist ganz wild. _________ liebstes Spiel ist Indianer und Cowboy. Auf dem Foto ist auch _________ Freundin Klara.

6. Ich spreche mit euch:

Hallo Petra, hallo Beate! Wie geht's?

Gerade habe ich auch _________ Eltern getroffen! Ihr fahrt in den Ferien in _________ Haus am See, nicht wahr? Super! Nehmt ihr _________ Fahrräder auch mit? Was macht ihr in der Zeit mit _________ Hund? Ihr könnt ihn ja zu mir bringen.

7. Ich spreche mit Herrn Sommer:

Guten Tag, Herr Sommer! Soll ich Ihnen helfen?

Ich kann gerne _________ Einkaufskorb tragen. Geben Sie mir doch _________ Schlüssel, dann öffne ich _________ Haustür.

8. Ich spreche über meine Großeltern:

Meine Großeltern heißen Gisela und Günter.

_________ Haus ist auf dem Land. Dort wohnen sie schon 30 Jahre mit _________ Tieren. _________ Garten ist sehr groß und macht viel Arbeit. Aber er ist auch _________ ganze Freude.

J5 Falsch gedacht!

Setzen Sie die Sätze in die verneinte Form.

Am Freitag erzählt Robert seinem Freund:	Am Montag trifft er seinen Freund wieder. Alles war ganz anders:
1. Morgen gehe ich zum Fischen.	Ich bin _nicht zum Fischen_ gegangen.
2. Sicher fange ich einen großen Fisch.	Ich habe ________________________ gefangen.
3. Bestimmt ist das Wetter gut.	Das Wetter war _______________.
4. Dann mache ich eine Fahrradtour.	Ich habe ________________________ gemacht.
5. Am Abend treffe ich meine Freunde.	Ich habe ________________________ getroffen.
6. Vielleicht sehen wir einen Film zusammen.	Wir haben _________________ zusammen gesehen.
7. Oder wir gehen in die Diskothek.	Wir sind ___________________________ gegangen.
8. Vielleicht lerne ich dort ein Mädchen kennen.	Ich habe _______________________ kennengelernt.
9. Am Sonntag schlafe ich lange.	Ich habe ________________ geschlafen.
10. Ich ruhe mich so richtig aus.	Ich habe mich ____________________ ausgeruht.
11. Ich esse einen großen Sonntagsbraten.	Ich habe _____________________________ gegessen.
12. Dann lade ich meine Nachbarn zu Kaffee und Kuchen ein.	Ich habe _____________________________ zu Kaffee und Kuchen eingeladen.

... Ich war das ganze Wochenende krank und habe im Bett gelegen!

K. Adjektive

K1 Wie ist ...?

Kombinieren Sie das Bild und das passende Adjektiv und bilden Sie einen Satz.

neu • klein • leicht • teuer • groß • ~~verheiratet~~ • schwer • breit • krank • nett

1. Die Frau *ist verheiratet.*
2. Der Mann ____________

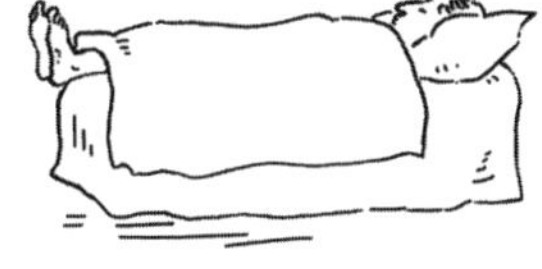

3. Der Pullover ____________
4. Das Bett ____________ 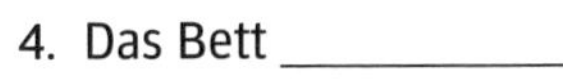

5. Das Mädchen ____________
6. Die Straße ____________

7. Das Fahrrad ____________
8. Die Äpfel ____________ 

9. Der Koffer ____________ 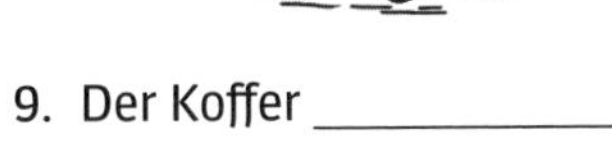
10. Die Übung ____________ 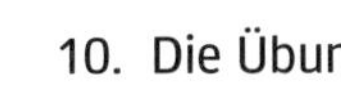

K2 Rap gefällt mir besser!

Ergänzen Sie die passenden Steigerungsformen von *gut, viel* und *gern*.

am liebsten • am besten • besser • ~~lieber~~ • mehr • am meisten • besser • mehr • am besten • lieber • lieber

1. ● Trinkst du gern Kaffee?
   ■ Ja, im Sommer trinke ich gern Kaffee, aber im Winter trinke ich *lieber* Tee.
2. ● Gefällt dir Punkrock?
   ■ Nicht so gut, Rap gefällt mir ________.
3. ● Ich mag unseren Mathelehrer ________ als unsere Deutschlehrerin.
   ■ Das denkst du nur. Du kannst einfach Mathe ________ als Deutsch!
4. Theaterkarten kosten ________ als Kinokarten, aber ________ kosten die Karten für die Oper.
5. ● Welcher Harry-Potter-Film hat dir bis jetzt ________ gefallen?
   ■ Der letzte. Der war wirklich super spannend!
6. ● Gehen wir heute Abend in einen Club?
   ■ Bleiben wir doch ________ zu Hause. Das kostet nichts und ist gemütlicher!
7. ● Was ist dein Lieblingshobby?
   ■ ________ spiele ich Tennis. Und du?
8. ● Mmh, deine Frau backt wirklich fantastische Kuchen!
   ■ Ja, nicht schlecht. Aber nicht so gut wie meine Kuchen. Und die von meiner Mutter sind ________, die solltest du probieren!
9. ● Kannst du heute einkaufen gehen? Du hast heute ________ Zeit als ich!
   ■ Das denkst du! Ich muss heute so viel arbeiten!

L. Pronomen

L1 Gästeliste

Welche Sätze passen zusammen? Kombinieren Sie.

1. Du bist mein Gast.
2. Ihr seid unsere Gäste.
3. Ich bin Giselas Gast.
4. Marco ist unser Gast.
5. Mein Herr, Sie sind mein Gast!
6. Ich bin Jürgens Gast.
7. Die Leute sind unsere Gäste.
8. Maria ist Annas Gast.
9. Die Journalisten sind die Gäste des Präsidenten.
10. Meine Freundin ist mein Gast.
11. John ist Peters Gast.

a) Sie lädt mich ein.
b) Ich lade Sie ein.
c) Er lädt mich ein.
d) Wir laden euch ein.
e) Er lädt sie ein.
f) Ich lade dich ein.
g) Ich lade sie ein.
h) Wir laden ihn ein.
i) Er lädt ihn ein.
j) Sie lädt sie ein.
k) Wir laden sie ein.

1.	2.	3.	4.	5.	6.	7.	8.	9.	10.	11.
f)										

Und nun ergänzen Sie bitte das passende Pronomen im Dativ.

12. Ich bekomme eine Einladung. Das gefällt *mir*.
13. Er bekommt eine Einladung. Das gefällt ______.
14. Ihr bekommt eine Einladung. Das gefällt ______.
15. Sie bekommen eine Einladung, Frau Müller! Das gefällt ______.
16. Sie bekommt eine Einladung. Das gefällt ______.
17. Du bekommst eine Einladung. Das gefällt ______.
18. Wir bekommen eine Einladung. Das gefällt ______.

L2 Meinen Sie die da?

Kombinieren Sie die Sätze. Achten Sie dabei auf das Demonstrativpronomen.

1. Ich hätte gern 200 Gramm Wurst, bitte.
2. Welcher Pullover gefällt Ihnen am besten?
3. Magst du bayerisches Spanferkel?
4. Kommen am Wochenende deine Eltern?
5. Ich möchte bitte das deutsch-englische Wörterbuch von Hans Weber.
6. Ist die Postkarte für John?
7. Kennst du den Film „Deep Blue"?
8. Bist du auch bei Dr. Korn?
9. Am Wochenende gehe ich in die Diskothek „Gardens". Kommst du mit?
10. Hallo, Luisa! Wo ist Emil?

a) Das habe ich noch nie probiert.
b) Dem habe ich schon eine geschrieben.
c) Die kenne ich nicht, aber – gut, ja!
d) Ich möchte bitte den da.
e) Nein, zu dem gehe ich nicht mehr. Ich finde, Dr. Hase ist besser.
f) Meinen Sie die da?
g) Der kommt ein bisschen später.
h) Nein, die kommen erst in zwei Wochen.
i) Ja, von dem habe ich schon gehört.
j) Das haben wir leider nicht mehr.

1.	2.	3.	4.	5.	6.	7.	8.	9.	10.
f)									

M. Präpositionen

! Tipp

zu + dem = zum	*von + dem = vom*	*in + dem = im*
an + dem = am	*bei + dem = beim*	*in + das = ins*

M1 Alles eine Frage der Perspektive

Ergänzen Sie die Präpositionen *zu, in, nach, bei, von* und *aus* und den richtigen Artikel.

	wohin? ***Ich gehe …***	**wo?** ***Ich bin …***	**woher?** ***Ich komme …***
1. Arzt:	zum Arzt.	beim Arzt.	vom Arzt.
2. Einkaufen:			
3. Büro:			
4. Bäckerei:			
5. Anna:			
6. Schwimmbad:			
7. Berge:			
8. zu Hause:			
9. Friseur:			
10. meine Eltern:			
11. München:			
12. Thomas:			
13. Theater:			
14. Oper:			
15. Österreich:			

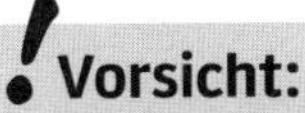

Vorsicht:

Ich gehe heißt: Ich gehe zu Fuß!

Außer: *Ich gehe nach Österreich.* = Ich lebe die nächsten Jahre in Österreich.

M2 Die richtige Richtung

Ergänzen Sie die passende Präposition mit Artikel.

bis zum • über die • am • ~~zum~~ • nach • am • am • in die

- ● Entschuldigung, wie komme ich bitte (1.) _zum_ Bahnhof?
- ■ Also, das ist ganz einfach. Sie gehen immer geradeaus (2.) _______ _______ Karlsplatz. (3.) _______ Karlsplatz gehen Sie (4.) _______ links (5.) _______ _______ Schützenstraße. (6.) _______ Ende der Schützenstraße gehen Sie (7.) _______ _______ Luitpoldstraße und schon sind Sie (8.) _______ Bahnhof.
- ● Vielen Dank! Das finde ich bestimmt. Auf Wiedersehen!

auf der • auf der • bis zur • nach • am • bis zum • nach

- ● Können Sie mir bitte helfen? Ich suche eine Buchhandlung.
- ■ Ja, es gibt hier eine, aber Sie müssen etwa 10 Minuten gehen.
- ● Das macht nichts! Können Sie mir vielleicht den Weg beschreiben?
- ■ Gern. Sie gehen hier ungefähr 300 Meter geradeaus (9.) _______ _______ nächsten Ampel. Dort gehen Sie (10.) _______ rechts (11.) _______ _______ Baldeplatz. Hier bleiben Sie (12.) _______ _______ linken Seite und gehen (13.) _______ Kino (14.) _______ links. Dann kommt (15.) _______ _______ rechten Seite eine Buchhandlung.
- ● Vielen Dank! Ich hoffe, ich finde es!

M3 Urlaubspläne

Welche Präposition passt?

1. Mein Urlaub beginnt _am_ 10. August.
2. Zuerst fliege ich ______ drei Tage nach London.
3. Dort bin ich _______ 11. _______ 14. August.
4. Mein Flug geht _______ 13:00 Uhr.
5. Er dauert _______ 2 Stunden.
6. Ich lande _______ 15:00 Uhr in London.
7. _______ zweiten Woche möchte ich zu Hause bleiben.
8. _______ 2006 habe ich auch Urlaub zu Hause gemacht.

   Das war sehr schön.
9. _______ Ende gehe ich noch _______ drei Tage wandern.
10. Das ist _______ Sommer ein bisschen heiß, aber es macht

    trotzdem Spaß.
11. _______ nächsten Jahr möchte ich nach Indien reisen.
12. Das ist eine lange Reise. Der Flug dauert bestimmt

    _______ 12 Stunden.
13. Deshalb möchte ich _______ 4 Wochen Urlaub nehmen –

    hoffentlich erlaubt das mein Chef!

vom ... bis zum
um
am
in der
im
für / –
–
am
für / –
um
–
–
–
im

M4 Blumen für meine Frau

Ergänzen Sie die richtige Präposition.

gegen • mit • aus • für • ohne • seit • ~~für~~ • um • von • für • bei

1. ● Das sind aber schöne Blumen!
   ■ Ja, die waren auch teuer ... Sie sind _für_ meine Frau, sie hat heute Geburtstag.

2. ● Warum ist euer Auto denn hinten kaputt?
   ■ Tja – ich wollte einparken und bin rückwärts _____ einen Baum gefahren ...
   ● Oje!

3. ● Möchtest du auch eine Tasse Kaffee?
   ■ Gern! Aber bitte _____ Zucker und Milch.
   ● Brrr – das schmeckt doch schrecklich bitter! Ich mag den Kaffee nur _____ Milch und Zucker.
   ■ Nein, ich trinke meinen Kaffee immer schwarz.

4. ● Ich mache am Samstag eine Fahrradtour. Kommst du mit?
   ■ Vielleicht – wohin möchtest du denn fahren?
   ● Einmal _____ den Starnberger See. Das dauert etwa drei bis vier Stunden.
   ■ Gut, aber wir gehen auch schwimmen, ja?

5. ● Hast du schon gehört? Unser neuer Chef kommt _____ Hamburg. Und er wohnt noch _____ seiner Mutter! Sie kocht und wäscht _____ ihn!
   ■ Ja, ein „Hotel Mama" ist schon sehr angenehm! Aber wie alt ist er? 45 Jahre?
   ● Mindestens!

6. ● Ich mache morgen meinen Führerschein.
   ■ Woher hast du das Geld?
   ● _____ meinem Vater.
   ■ Du hast es gut! Ich arbeite _____ drei Wochen im Supermarkt. Noch eine Woche und dann habe ich genug Geld _____ den Führerschein!

M5 Internationales

Ergänzen Sie die richtige Präposition und den Artikel.
Vorsicht: Einige Länder sind mit Artikel, andere haben keinen Artikel!

1. Mein Freund Mehmet kommt _aus der_ Türkei. Er lebt schon lange ________ Deutschland. Reisen ist sein Hobby. Nächstes Jahr plant er eine große Reise ________ USA (Pl).

2. Mehmets Freundin Isabel ist ________ Frankreich. Sie ist aber ________ Schweiz (f) geboren und erst mit fünf Jahren ________ Frankreich gekommen. Jetzt arbeitet sie ________ Bundesrepublik (f) Deutschland.

3. Meine Familie ist auch sehr international. Mein Vater kommt ________ Vereinigten Arabischen Emiraten (Pl), meine Mutter ________ Großbritannien. Mein Vater hat lange ________ England gearbeitet und hat sie dort kennengelernt.
   Dann sind sie für drei Jahre ________ Iran (m) gegangen, und dort bin ich geboren. Die nächsten drei Jahre haben wir ________ Indien gelebt und dann sind wir ________ Österreich gekommen.

4. Vielleicht reise ich deshalb so gern. Ich war schon ________ vielen Ländern: ________ Schweden und ________ Norwegen, ________ Niederlanden (Pl), ________ Spanien und ________ Italien, ________ Ukraine (f) und ________ Tschechischen Republik (f) und auch ________ Russland.

5. Unbedingt möchte ich noch ________ Ägypten und ________ Marokko und ________ einige südamerikanische Länder: ________ Chile, ________ Peru, ________ Brasilien, ________ Argentinien und ... jetzt höre ich lieber auf!

N. Fragen

N1 Interview im Himmel

Ergänzen Sie das richtige Fragewort.

Wie lange • Wie • Was • Wie • Wann • Woher • Wo • ~~Wie~~ • Wo • Seit wann • Wann

1.	*Wie* heißen Sie?	Marilyn Monroe.
2.	_________ kommen Sie?	Aus Los Angeles.
3.	_________ liegt das?	In den USA.
4.	_________ sind Sie geboren?	Auch in Los Angeles.
5.	_________ sind Sie geboren?	Am 1. Juni 1926.
6.	_________ waren Sie von Beruf?	Ich war Fotomodell, Sängerin und Schauspielerin.
7.	_________ haben Sie die Schule besucht?	10 Jahre.
8.	_________ haben Sie als Fotomodell und Schauspielerin gearbeitet?	Seit 1945.
9.	_________ haben Sie geheiratet?	1942.
10.	_________ alt waren Sie da?	16 Jahre.
11.	_________ ist Ihre Telefonnummer?	Die gebe ich Ihnen nicht ...

N2 Du bist aber neugierig!

Bilden Sie zu den Antworten die passenden Fragen.

1. *Wer ist das?*	Das da auf dem Foto, das ist mein Freund Hannes.
2. ______________	Er ist 29, so alt wie ich.
3. ______________	Er kommt aus Berlin.
4. ______________	Ich kenne ihn schon 10 Jahre.
5. ______________	Jetzt wohnt er in Hamburg, aber früher war er auch in München. Er war mein Nachbar.
6. ______________	Er wohnt dort seit drei Jahren.
7. ______________	Er ist Arzt.
8. ______________	Ich glaube, er möchte im Juli nach München kommen.
9.	______________ möchtest du das wissen?
Er gefällt mir!	Er ist aber verheiratet!
Schade ...	

N3 Sagen Sie die Wahrheit!

Bilden Sie Fragen.

Andreas ist Detektiv von Beruf.

Er glaubt nicht alles, was man ihm sagt ...

1. Ich heiße Mona. *Heißen Sie wirklich Mona?*
2. Ich komme aus Portugal. ______
3. Lissabon ist meine Heimatstadt. ______
4. Ich spreche Portugiesisch, Englisch und Deutsch. ______
5. Mein Vater ist Professor für Physik. ______
6. Ich studiere Wirtschaft in Berlin. ______
7. Ich möchte zwei Jahre in Deutschland bleiben. ______
8. Meine Hobbys sind Singen und Gitarre spielen. ______
9. Berlin gefällt mir sehr gut. ______
10. Ich wohne in der Lindenstraße. ______
11. Ich sage jetzt nichts mehr. ______

    Nein! Sie gehen mir auf die Nerven!

N4 Doch!

Ergänzen Sie die Antwort mit *ja*, *nein* oder *doch*.

1. Hast du den Hausschlüssel mitgenommen? ___Ja___, hier ist er.
2. Hast du kein Wörterbuch? ______, ich habe eins.
3. Hast du kein Geld dabei? ______, ich habe es vergessen ...
4. Isst du heute eine Pizza? ______, ich esse lieber Nudeln.
5. Hast du ein Handy? ______, ich habe keins.
6. Möchtest du nicht nach Paris fahren? ______, natürlich möchte ich fahren.
7. Liebst du deine Frau? ______, ich liebe sie.
8. Hast du keine Kinder? ______, ich habe sogar fünf Kinder.
9. Wohnst du nicht in München? ______, nur in der Nähe von München.
10. Hast du Geschwister? ______, ich habe zwei Schwestern.
11. Spielst du nicht Tennis? ______, jedes Wochenende!
12. Machst du deine Hausaufgaben? ______, immer!
13. Das ist aber nicht die Wahrheit ... ______!
14. Besuchst du oft deine Eltern? ______, leider nicht so oft.
15. Wohnen sie nicht auch in deiner Stadt? ______, aber ich habe so wenig Zeit.
16. Arbeitest du viel? ______, sehr viel!

! Tipp

Negative Frage → positive Antwort: *doch*!

O. Satzstellung

O1 Eine Ferienwoche

Bilden Sie Sätze und achten Sie auf die richtige Verbstellung.

Vera hat eine Woche Ferien. Sie hat viele Pläne. Damit sie nichts vergisst, hat sie einen Notizzettel gemacht. Was hat sie alles vor?

- jeden Morgen um 8 Uhr 30 aufstehen
- oft ins Schwimmbad gehen
- Dienstagabend ins Theater gehen
- Ella und Rudi treffen
- die Großeltern in Bamberg besuchen
- jeden Abend joggen
- neue Schuhe kaufen
- viel spazieren gehen
- Montagabend ins Kino gehen
- Keller aufräumen
- am Samstag an den Chiemsee fahren
- am Sonntagnachmittag Tante Tilla einladen

1. Jeden Morgen _steht Vera um 8 Uhr 30 auf_.
2. Sie __________.
3. Dienstagabend __________.
4. Sie __________.
5. Sie __________.
6. Jeden Abend __________.
7. Sie __________.
8. Sie __________.
9. Montagabend __________.
10. Sie __________.
11. Am Samstag __________.
12. Am Sonntagnachmittag __________.

Tipp

Das Verb steht immer auf Position II! (Ausnahmen: Satzfrage, Imperativ)
Das Subjekt steht immer auf Position I **oder** es kommt gleich nach dem Verb.

O2 Wort-Wolken

Bilden Sie Sätze. Die Verbklammer kommt immer in die grauen Felder.

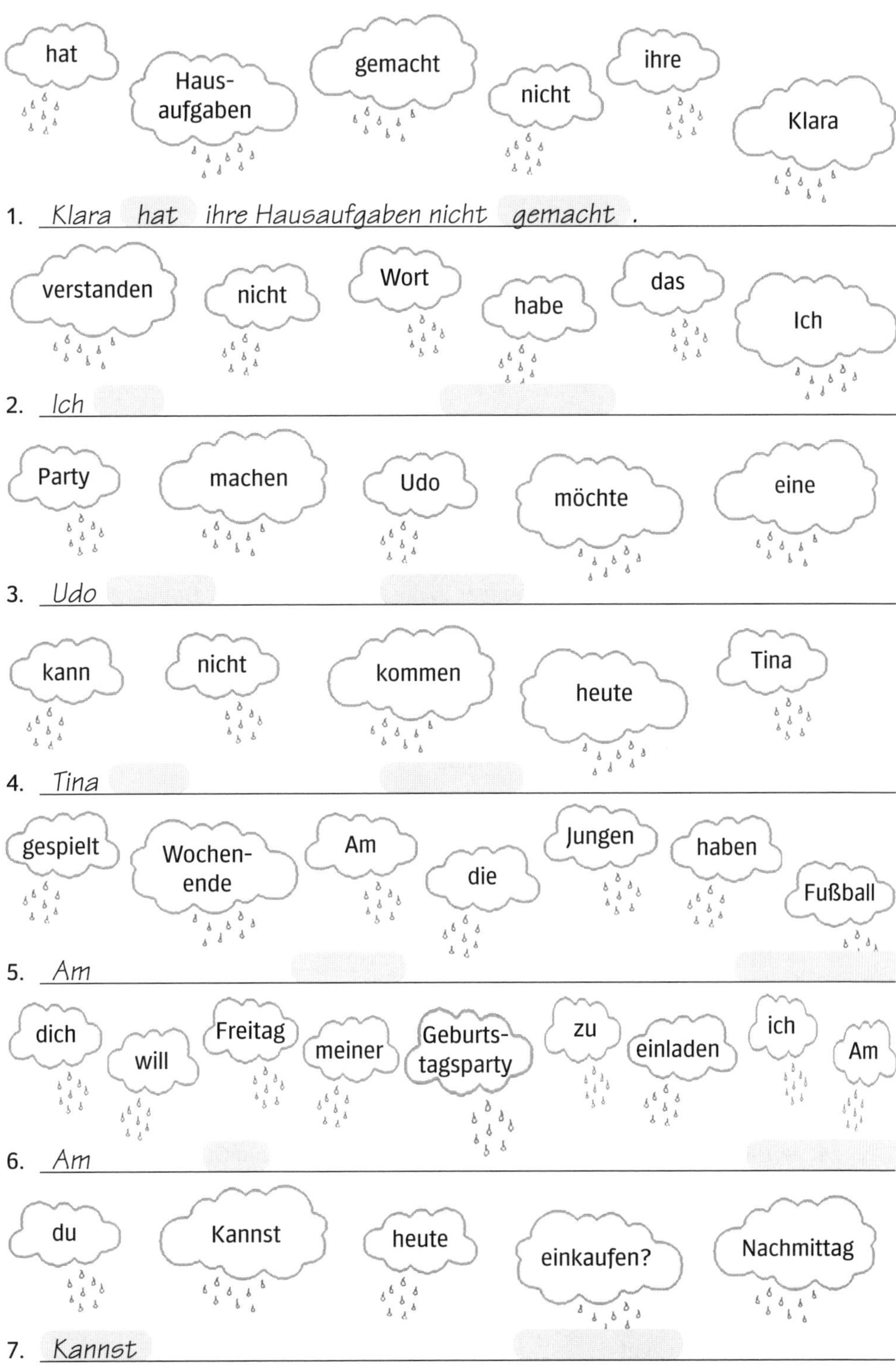

1. *Klara hat ihre Hausaufgaben nicht gemacht.*
2. *Ich* ______
3. *Udo* ______
4. *Tina* ______
5. *Am* ______
6. *Am* ______
7. *Kannst* ______

O3 Wo ist sie nur?

Markieren Sie die Nominativ- und die Akkusativergänzung.

1. Jörg sucht seine Brille.
2. Er fragt seinen Sohn: „Hast du meine Brille gesehen?"
3. Doch sein Sohn isst gerade einen Teller Spaghetti und hört nicht zu.
4. Dann räumt Jörg seinen Schreibtisch auf.
5. „Vielleicht finde ich sie hier", denkt er.
6. Aber die Brille liegt auch hier nicht.
7. Jörg ist sauer. „Klar, ohne Brille sehe ich meine Brille nicht gut!", schimpft er.
8. Plötzlich hat er eine Idee: „Ich habe doch gerade die Zeitung gelesen!"
9. Er geht ins Wohnzimmer. Aha – da liegt die Katze auf der Zeitung.

   Und die Zeitung liegt .... auf der Brille!

O4 Alltägliches

Setzen Sie das Wort in der Klammer in die richtige Form der Dativergänzung.

1. ● Wie gefällt _dir_ (du) das Kleid?

   ■ Super, aber leider passt es ______ (ich) nicht so gut. Probier du doch mal!

   ● Nein, Rot steht ______ (ich) nicht.
2. Schokolade schmeckt ____________ (Kinder) sehr gut. Doch das gefällt ____________ (die Eltern) nicht, denn zu viel Schokolade ist nicht gesund.
3. ● Entschuldigung, könnten Sie ______ (ich) bitte helfen?

   ■ Natürlich! Gehört der große Koffer da oben _________ (Sie)?

   ● Ja! Es tut ______ (ich) leid, aber er ist so schwer!

   ■ Das macht doch nichts. Hier, bitte!

   ● Oh, ich danke _________ (Sie) sehr!
4. ● Hast du ________________ (deine Mutter) schon zum Geburtstag gratuliert?

   ■ Ja, heute Morgen schon.
5. ● Wie geht es eigentlich _______________ (Ihre Eltern)? Sind sie nicht schon über 80 Jahre alt?

   ■ Richtig! Es geht ________ (sie) gut, sie sind zum Glück gesund.

P. Konjunktionen

P1 Pro und Kontra

Verbinden Sie die Sätze mit der passenden Konjunktion.

1. Ich lerne Deutsch, denn …
2. Ich lerne Deutsch, aber …

a) es ist sehr anstrengend.

b) ich habe einen deutschen Freund.

c) ich vergesse immer wieder alles.

d) ich mag diese Sprache.

e) ich möchte das Oktoberfest besuchen.

f) meine Freundin versteht mich immer noch nicht.

g) ich will Goethe im Original lesen.

h) mein Großvater kommt aus Deutschland.

i) ich kann noch nicht viele Wörter.

j) ich habe viele deutsche Kunden.

k) ich mag meinen Lehrer nicht.

l) ich war noch nie in Deutschland.

1.	*a)*					
2.						

P

P2 ..., aber es ist vielleicht sehr teuer!

Verbinden Sie die beiden unterstrichenen Sätze mit der passenden Konjunktion: *denn, aber, oder*.

● Was machen wir heute Abend?

Gehen wir zum Essen? Schauen wir uns den neuen Film mit Tom Hanks an?

(1.) Gehen wir zum Essen oder schauen wir uns den neuen Film mit Tom Hanks an?

■ Das ist mir gleich. Entscheide du!

● Hm. Ich möchte gern den Film sehen. Er hat eine gute Kritik bekommen.

(2.) ______________________________

■ Gut, dann gehen wir ins Kino!

● Ja, Kino macht sicher Spaß. Ich möchte gern einmal das neue indische Restaurant ausprobieren.

(3.) ______________________________

■ Dann lass uns essen gehen!

● Das möchte ich gerne. Es ist vielleicht sehr teuer.

(4.) ______________________________

■ Ich lade dich ein.

● Nett von dir! Ich esse gern indisch. Das schmeckt so interessant.

(5.) ______________________________

■ Also Restaurant!

● Nein, gehen wir ins Kino. Im Kino ist es gemütlich. Es gibt dort so weiche Sessel.

(6.) ______________________________

■ Weißt du was? Wir bleiben einfach zu Hause. Wir sehen eine DVD an. Wir gehen früh ins Bett.

(7.) ______________________________

Das ist noch viel gemütlicher!

Q. Zahlen

Q1 Fit in Zahlen!

Schreiben Sie alle Zahlen in Worten und notieren Sie den Buchstaben im Kästchen. Das Lösungswort ist ein berühmter deutscher Mathematiker und Physiker.

1. 3 + 20 = 23 d r e i und z w a n z i g ist d r e i u n d z w [a] n z i g
2. 5 + 7 = _ _ _ _ _ _ und _ _ _ _ _ _ _ ist _ _ _ ☐ _
3. 24 + 13 = _ _ _ _ _ _ _ _ _ _ _ _ _ _ _ _ _ und _ _ _ _ _ _ _ _ _ ist _ _ _ ☐ _ _ _ _ _ _ _ _ _ _ _ _ _
4. 4 + 14 = _ _ _ _ _ _ und _ _ _ _ _ _ _ _ _ ist _ _ _ _ _ ☐ _ _
5. 31 + 42 = _ _ _ _ _ _ _ _ _ _ _ _ _ _ _ _ und _ _ _ _ _ _ _ _ _ _ _ _ _ _ _ _ ist _ ☐ _ _ _ _ _ _ _ _ _ _ _ _ _
6. 66 + 22 = _ _ _ _ _ _ _ _ _ _ _ _ _ _ _ _ _ _ und _ _ _ _ _ _ _ _ _ _ _ _ _ _ _ _ ist _ _ _ ☐ _ _ _ _ _ _ _ _ _ _
7. 1 + 16 = _ _ _ _ _ _ und _ _ _ _ _ _ _ _ _ ist _ _ _ _ _ ☐ _ _
8. 2 + 19 = _ _ _ _ _ _ und _ _ _ _ _ _ _ _ _ ist _ _ _ _ _ _ _ _ _ _ _ _ _ ☐ _
9. 40 + 32 = _ _ _ _ _ _ _ _ _ _ und _ _ _ _ _ _ _ _ _ _ _ _ _ _ _ _ ist _ _ _ _ _ ☐ _ _ _ _ _ _ _ _ _
10. 29 + 32 = _ _ _ _ _ _ _ _ _ _ _ _ _ _ _ _ _ und _ _ _ _ _ _ _ _ _ _ _ _ _ _ _ _ ist _ _ _ _ _ _ ☐ _ _ _ _ _ _ _
11. 36 + 12 = _ _ _ _ _ _ _ _ _ _ _ _ _ _ _ _ _ _ und _ _ _ _ _ _ ist _ _ _ ☐ _ _ _ _ _ _ _ _ _ _ _ _
12. 11 + 5 = _ _ _ _ _ und _ _ _ _ ist _ ☐ _ _ _ _ _ _ _
13. 6 + 16 = _ _ _ _ _ _ _ und _ _ _ _ _ _ _ _ _ ist _ _ _ ☐ _ _ _ _ _ _ _ _ _ _ _ _
14. 59 + 34 = _ _ _ _ _ _ _ _ _ _ _ _ _ _ _ _ _ und _ _ _ _ _ _ _ _ _ _ _ _ _ _ _ _ ist _ _ _ _ _ _ _ ☐ _ _ _ _ _ _ _

Lösungswort: _ _ _ _ _ _ _ _ _ _ _ _ _ _ _

Q2 Zahlen, Zahlen, Zahlen ...

Schreiben Sie die Uhrzeiten, Maßangaben und Preise in Worten auf.

1. 12:45 Uhr *zwölf Uhr fünfundvierzig*
2. 3,50 Euro ______
3. 4,5 kg ______
4. 20:15 Uhr ______
5. 0:20 Uhr ______
6. 249,90 Euro ______
7. 1,72 m ______
8. 0,9 m ______
9. 730 g ______
10. 10:57 Uhr ______
11. 1 876 Euro ______
12. 83 km ______
13. 1:10 Uhr ______
14. 79,99 Euro ______

Tipp

Ordinalzahlen:

Zahlen 1 bis 19 + *-te(n)*; Zahlen ab 20 + *-ste(n)*

Unregelmäßige Formen: *erste(n), dritte(n), siebte(n)*

Q3 Die dritte Aufgabe!

Schreiben Sie die Ordinalzahlen in Klammern als Wort.

1. ● Entschuldigen Sie bitte, wohnt Frau Kugler hier?

   ■ Ja, aber im Erdgeschoss. Und hier ist der _vierte_ (4.) Stock!

   ● Ach so, vielen Dank.

2. ● Was hast du da?

   ■ Das ist ein Kreuzworträtsel vom Supermarkt, da kann man etwas gewinnen.

   ● Und was?

   ■ Der __________ (1.) Preis ist ein Fahrrad, der __________ (2.) ein Rucksack und der __________ (3.) eine Flasche Champagner.

   ● Hoffentlich gewinnst du, die trinken wir dann zusammen!

3. ● Am Sonntag ist der _______________ (70.) Geburtstag von meinem Opa.

   ■ Wünsch ihm alles Gute von mir!

   ● Das mache ich!

4. ● Der Deutschtest war wirklich einfach!

   ■ Ja, aber die __________ (6.) Aufgabe habe ich nicht verstanden.

5. ● Wir müssen heute zur Buchausstellung gehen!

   ■ Warum?

   ● Hier, lies mal: Der _______________ (100.) Besucher bekommt ein Buch geschenkt!

6. ● Guten Tag, hier spricht Müller. Ich habe Ihre Anzeige gelesen und möchte gern das alte Fahrrad kaufen!

   ■ Das ist jetzt der _______________________ (25.) Anruf – das Fahrrad ist leider schon lange verkauft!

   ● Schade!

Q4 Der Wievielte ist heute?

Schreiben Sie das Datum in Worten.

1. ● Alles Gute zum Geburtstag!
   ■ Das ist nett, aber heute ist der D*reiundzwanzigste* (23.), und mein Geburtstag ist am F*ünfundzwanzigsten* (25.)!
   ● Oh …

2. ● Michael, der Wievielte ist heute?
   ■ Der z_______ D_____ (12.3.)!
   ● Oh, Mist! Jetzt habe ich den Geburtstag von meinem Bruder vergessen!
   ■ Wann hatte er denn Geburtstag?
   ● Am E______ (11.). Aber ich rufe ihn gleich an.

3. Vom e________________ S_______ (31.7.) bis zum v___________ N_______ (14.9.) haben die Kinder in Bayern Sommerferien.

4. ● Was bist du für ein Sternzeichen?
   ■ Ich weiß nicht. Ich bin am z______ E______ (2.1.) geboren.
   ● Dann bist du Steinbock!

5. ● Wann hat eigentlich die Bundesrepublik Deutschland Geburtstag?
   ■ Der Gründungstag war der d________________ Mai n____________________________ (23. Mai 1949).

6. Der Deutschkurs beginnt am e__________________ Z_______ (21.10.) und dauert bis zum n___________ Z_______ (19.12.).

7. Der v__________________ Z_______ (24.12.) ist in Deutschland der „Heilige Abend". Da gibt es die Geschenke. Die beiden Weihnachtsfeiertage sind am f__________________ (25.) und am s___________________ Z_______ (26.12.).

Lösungen

Teil 1: **Wortschatz**

A. Person, Familie und Freunde

A1 1. Tag; Name; Frau 2. Kollege; Freut mich; guten; Tag 3. bin; heißt; heiße 4. Entschuldigung; Ihr; Arbeiten

A2 1. Guten Morgen. 2. Guten Tag. 3. Grüß Gott. (Freunde begrüßen sich oft auch mit: *Servus.*) 4. Grüezi. 5. Hallo./Hi.

A3 1. Tschau./Tschüs. 2. (Auf) Wiedersehen. 3. Servus. (In Baden-Württemberg sagt man auch *Ade.*) 4. Gute Nacht. 5. (Auf) Wiedersehen. 6. Tschüs./Bis bald.

A4 1. Familienname 2. Vorname 3. Geburtsdatum 4. Nationalität 5. Straße 6. Hausnummer 7. Postleitzahl 8. Wohnort (Stadt) 9. Land 10. Telefonnummer 11. E-Mail 12. Beruf 13. Unterschrift

A5 1. der Name – die Namen 2. die Straße – die Straßen 3. die Stadt – die Städte 4. das Land – die Länder 5. die E-Mail – die E-Mails 6. die Telefonnummer– die Telefonnummern 7. der Student – die Studenten 8. die Studentin – die Studentinnen

A6 1. Name 2. buchstabieren 3. kommen 4. lebe 5. geboren 6. Geburtsort 7. spreche 8. Kinder 9. Tochter 10. Jahre 11. Adresse 12. wohne 13. bin

A7 1. geboren 2. Fax 3. Familienstand 4. Geburtsort 5. verwandt

A8 1. Schweiz; Schweizer; Schweizerin; Schweizer; schweizerisch 2. Österreich; Österreicher; Österreicherin; Österreicher; österreichisch 3. Deutschland; Deutscher; Deutsche; Deutscher; deutsch

A9 Die folgende Lösung ist nur ein Beispiel:

Vor- und Familienname:	*Mira Ouahid*	Geburtsort:
geboren am:	*26.11.1976*	*Rabat (Marokko)*
Staatsangehörigkeit:	*marokkanisch*	Geschlecht:
Alter:	*33*	*weiblich*
Religion:	*muslimisch*	
Beruf:	*Hausfrau*	

Hier finden Sie einige Wörter zu Ländern, Staatsangehörigkeiten und Religionen. Noch mehr Wörter finden Sie im Wörterbuch.

Land	**Staatsangehörigkeit**
die USA	amerikanisch
Frankreich	französisch
Spanien	spanisch
die Niederlande	niederländisch
Großbritannien	britisch
Türkei	türkisch
Italien	italienisch
Polen	polnisch
Russland	russisch
Brasilien	brasilianisch
Argentinien	argentinisch
...	

Religion
katholisch, evangelisch, muslimisch (= islamisch), hinduistisch, buddhistisch ...

A10 1. du 2. Sie 3. Sie 4. du 5. Sie 6. du 7. du 8. du

du oder *Sie*? Auch für Kinder mit deutscher Muttersprache ist der Unterschied schwierig. Erst im Alter von ca. neun Jahren fangen Kinder an, zu ihren Lehrern und fremden Erwachsenen *Sie* zu sagen.

A11 1. Amerika 2. Europa 3. Asien 4. Afrika 5. Australien

A12 1. der Vater 2. die Tochter 3. das Baby 4. die Mutter 5. die Großmutter 6. der Sohn 7. der Hund 8. der Großvater

A13 1. die Dame 2. das Mädchen 3. die Ehefrau 4. die Freundin 5. die Partnerin

A14 1. Eltern 2. Familie 3. Bruder 4. Schwester

A15 1. a) 2. e) 3. d) 4. c) 5. b)

A16 1. kennst; glaube 2. sprichst; lernst 3. Magst; nett; dumm/blöd; blöd/dumm 4. sehen 5. Du ... sagen 6. essen gehen 7. habe ... gern 8. gefallen 9. interessiert; Hobby 10. traurig 11. rufst ... an; schicke 12. bekommen; Post

A17 1. schön – hässlich 2. jung – alt 3. klein – groß 4. lang – kurz 5. dick – dünn

B. Körper und Gesundheit

B1 1. der Kopf 2. der Finger 3. das Herz 4. der Bauch 5. der Fuß 6. das Gesicht 7. der Arm 8. die Hand 9. das Bein

B2 1. ein Arm – Arme 2. ein Fuß – Füße 3. ein Bein – Beine 4. ein Bauch – Bäuche 5. eine Hand – Hände 6. ein Kopf – Köpfe 7. ein Finger – Finger 8. ein Gesicht – Gesichter

B3 1. kämmen 2. sehen; lesen 3. hören 4. riechen 5. sprechen; essen; trinken

B4 1. sehe 2. schmeckt 3. sprechen; versteht; hört 4. hört 5. sprichst

B5 1. siehst ... aus 2. geht 3. schlecht 4. Zahn 5. Apotheke 6. etwas gegen 7. Zahnarzt 8. starke 9. lachen

B6 1. Doktor 2. gut 3. krank 4. Fieber 5. leichte 6. Schnupfen 7. Erkältung 8. Medikament 9. schlafen 10. gesund

B7 1. c) 2. h) 3. i) 4. b) 5. f) 6. e) 7. a) 8. d) 9. g)

B8 1. schmutzig 2. Seife 3. Spiegel 4. Haare waschen 5. Handtuch 6. sauber 7. ins Bett gehen 8. Toilette 9. schlafen

C. Wohnen und Hausarbeit

C1 1. die Küche 2. die Toilette 3. das Wohnzimmer (A: die Stube) 4. das Kinderzimmer 5. das Schlafzimmer 6. das Badezimmer 7. die Treppe 8. der Garten

C2 1. einen Tisch 2. Stühle 3. einen Kühlschrank 4. einen Herd 5. einen Teppich 6. eine Uhr 7. ein Sofa 8. einen Schrank 9. ein Bett

C3 1. Bilder 2. Uhren 3. Sofas 4. Teppiche 5. Betten 6. Radios 7. Tische 8. Schränke

C4 1. Wohnung 2. Zimmer 3. wohne 4. zu Hause 5. Mieten 6. hoch 7. kostet 8. groß 9. Balkon

C5 1. neu 2. klein 3. unmodern 4. dunkel 5. teuer 6. laut 7. kalt 8. leer

C6 1. Anzeige (CH: Annonce) 2. Apartment 3. Quadratmeter 4. Stock 5. hell 6. liegt 7. Ecke 8. ruhig 9. Fenster 10. Dusche 11. schön

C7 1. offen 2. ein 3. an 4. ein 5. ein

C8 1. aufmachen 2. warm 3. offen 4. ausmachen 5. laut 6. anmachen 7. dunkel 8. Abfall 9. Schlüssel 10. zumachen

C9 1. an 2. auf 3. unter 4. in 5. vor 6. aus

D. Natur, Wetter und Jahreszeiten

D1 1. ein Baum 2. eine Blume 3. eine Pflanze 4. eine Katze 5. ein Hund 6. ein Vogel 7. ein Fisch 8. eine Kuh / ein Rind 9. ein Schwein

D2 1. viele Bäume 2. viele Blumen 3. viele Pflanzen 4. viele Katzen 5. viele Hunde 6. viele Vögel 7. viele Fische 8. viele Kühe/ Rinder 9. viele Schweine

D3 1. Woche 2. Hotel 3. Wetter 4. Essen 5. Meer 6. Strand 7. Grad 8. Urlaub 9. Grüße

D4 1. Norden 2. Süden 3. Westen 4. Osten

D5 1. der Berg 2. der Wald 3. das Schwimmbad 4. der See 5. die Straße 6. das Dorf 7. die Stadt 8. der Fluss 9. die Kirche

D6 1. Berge 2. Wälder 3. Schwimmbäder 4. Seen 5. Straßen 6. Dörfer 7. Städte 8. Flüsse 9. Kirchen

D7 1. der Frühling 2. der Sommer 3. der Herbst 4. der Winter

D8 1. Blumen; grün; Nachmittag; Sonne 2. Jahreszeit; warm; heiß; Schwimmbad; Grad 3. Nebel; Wind; Regen; Wald 4. kalt; Schnee; schneit

D9 1. März, April, Mai 2. Juni, Juli, August 3. September, Oktober, November 4. Dezember, Januar, Februar

D10 1. a) 2. d) 3. b) 4. c)

D11 1. nass 2. kalt 3. gut 4. schlecht

E. Reisen, Verkehr und Freizeit

E1 1. das Fahrrad (CH: das Velo) 2. der Zug 3. das Auto 4. der Bus 5. das Motorrad 6. die Straßenbahn (CH: die Tram) 7. das Flugzeug 8. die U-Bahn 9. das Schiff

E2 1. d) 2. e) 3. f) 4. a) 5. b) 6. c)

E3 1. Stadtplan 2. Prospekte 3. am besten 4. links 5. geradeaus 6. rechts 7. Kilometer 8. Straßenbahn (CH: Tram) 9. Bus 10. U-Bahn

E4 1. Licht; schließen 2. anmachen 3. Gehen; nehmen 4. Bahnhof 5. Holst; warte 6. Flughafen; fährt 7. Gibst 8. Trägst

E5 1. Ferien 2. Reise 3. Woche 4. Hotel 5. Dusche 6. Zug 7. Hauptbahnhof 8. sehen 9. Grüße

E6 1. Fahrkarte 2. zurück 3. Klasse 4. reservieren 5. umsteigen 6. Zug 7. Bahnsteig 8. Gleis

E7 1. reservieren 2. ankommen 3. planen 4. informieren 5. abfliegen 6. abfahren 7. reisen 8. übernachten

E8 1. reservieren 2. bleiben 3. Doppelzimmer 4. Balkon 5. Nichtraucher 6. kostet 7. Frühstück 8. Rezeption 9. Schlüssel 10. bezahlen

E9 1. machst; suche; liegt 2. steckt 3. liegt 4. Stellst 5. stehen 6. sitzen 7. lege 8. aufstehen

E10 1. Monate 2. Wochen 3. Tage 4. Stunden 5. Minuten 6. Sekunden

E11 1. c) 2. e) 3. g) 4. f) 5. d) 6. b) 7. a)

E12 1. Fußball spielen 2. ins Theater gehen 3. lesen 4. spazieren gehen 5. Musik hören 6. Rad fahren 7. fernsehen 8. fotografieren 9. schwimmen

E13 1. frei 2. Ferien 3. Urlaub 4. Wochenende 5. Feiertag

E14 1. Am Montag geht Petra um 18 Uhr schwimmen. 2. Am Dienstag geht Petra mit Paul um 20 Uhr ins Kino. 3. Am Mittwoch geht Petra um 16 Uhr joggen. 4. Am Donnerstag trifft sich Petra um 19 Uhr mit Freunden. 5. Am Freitag spielt Petra um 15 Uhr Tennis. 6. Am Samstag fährt Petra um 11 Uhr Rad. 7. Am Sonntag schläft Petra lange.

E15 1. Karten 2. anrufen 3. von 4. bis 5. vorne/hinten 6. hinten/vorne 7. Plätze 8. sehen 9. Tickets 10. um 11. treffen 12. Eingang 13. pünktlich 14. spät

E16 1. später 2. schnell 3. geschlossen 4. Ausgang 5. nie 6. pünktlich 7. uninteressant 8. letzte

E17 1. Es ist halb acht 2. Es ist Viertel vor neun. 3. Es ist Viertel nach elf. 4. Es ist fünf vor zwölf. 5. Es ist zehn nach drei. 6. Es ist fünf Uhr.

F. Essen, Trinken und Einkaufen

F1 1. die Suppe 2. der Salat 3. die Kartoffel (A: der Erdapfel) 4. der Apfel 5. der Kuchen 6. die Zitrone 7. der Käse 8. der Fisch 9. das Eis 10. das Brot 11. die Marmelade 12. die Nudeln 13. die Pommes 14. die Schokolade 15. die Orange (A: die Apfelsine) 16. das Fleisch

F2 1. Durst 2. Milch 3. Hunger 4. Brot 5. Kaffee 6. Butter 7. Salz 8. Käse

F3 1. das Bier, der Saft, das Wasser, der Wein 2. der Kaffee, der Tee 3. das Brot, das Eis, der Kuchen 4. der Reis, die Nudeln, die Suppe, die Pommes

F4 1. Platz 2. frei 3. reserviert 4. Speisekarte 5. trinken 6. Bier 7. bestellen 8. Menü 9. Suppe 10. Salat 11. Appetit 12. Pfeffer 13. Essig 14. zahlen 15. Rechnung 16. Kreditkarte 17. bar 18. macht

F5 1. das Messer 2. die Gabel 3. der Löffel 4. die Flasche 5. das Glas 6. der Teller

F6 1. trocken 2. hart 3. kalt 4. schlecht 5. besetzt 6. sauer

F7 1. Metzger 2. Fleisch 3. nimm mit 4. magst/möchtest 5. Gemüse 6. kaufen 7. brauchen 8. Kilo 9. Brötchen 10. Bäcker 11. Supermarkt 12. Apotheke 13. Kiosk

F8 1. der Montag – montags 2. der Dienstag – dienstags 3. der Mittwoch – mittwochs 4. der Donnerstag – donnerstags 5. der Freitag – freitags 6. der Samstag – samstags 7. der Sonntag – sonntags 8. der Wochentag – wochentags

F9 1. e) 2. c) 3. d) 4. a) 5. b)

F10 1. Ich bin dran. 2. Ich hätte gern ein Pfund Tomaten. 3. Oh, das ist mir zu teuer. 4. Nein, danke. Das ist alles.

F11 1. Sonst noch etwas? 2. Darf es ein bisschen mehr sein? 3. Sie wünschen? 4. Wie viel möchten Sie? 5. Ist das alles? 6. Kann ich Ihnen helfen?

F12 1. Geben Sie mir bitte einen Kopfsalat. 2. Haben Sie Eier? 3. Nein, danke. Das ist alles. 4. Wie viel kosten die Erdbeeren? 5. Wo finde ich den Zucker? 6. Das ist alles.

F13 1. Pfund/Kilo 2. Gramm 3. fünf 4. Kilo/Pfund 5. Becher 6. Liter/Flaschen 7. Packung 8. Dose (CH: Büchse)

F14 1. d) 2. j) 3. c) 4. f) 5. g) 6. b) 7. a) 8. i) 9. e) 10. h)

F15 1. ein Kleid (CH: einen Rock) 2. einen Rock (CH: einen Jupe) 3. eine Hose 4. eine Jacke 5. ein T-Shirt 6. ein Hemd 7. eine Bluse 8. einen Pullover 9. einen Mantel

F16 1. schön, sauber, schmutzig, hübsch, modern, nett 2. grau, rot, grün, blau, gelb, schwarz 3. billig, teuer, günstig

G. Amt, Post, Bank und Polizei

G1 1. der Absender 2. die Briefmarke 3. die Adresse 4. die Postleitzahl 5. der Empfänger 6. das Telefon 7. das Handy 8. das Telefonbuch 9. das Päckchen (A: das Packerl) 10. das Paket 11. die Postkarte

G2 1. abholen; Ausweis 2. abgeben 3. schicken; Kilogramm; Paket 4. bekommen; kriegen 5. Briefmarken; macht 6. ausfüllen 7. bekommen; helfen; anrufen 8. Postleitzahl; finden 9. kostet; Brief; Gramm; Euro 10. ankommt

G3 1. ausfüllen 2. buchstabieren 3. ankreuzen 4. kosten

G4 1. Kann ich Ihnen helfen? 2. Sie müssen zuerst eine Nummer ziehen. 3. Sie müssen dieses Formular ausfüllen. 4. Bitte warten Sie einen Moment. 5. Sie können das Formular hier abgeben. / Sie können hier das Formular abgeben.

G5 1. Geld; Geldautomat 2. Konto 3. überweisen 4. wechseln 5. Kontonummer; Bankleitzahl 6. Kreditkarte 7. Überweisung; Bank

G6 1. anrufen; besetzt 2. ausmachen 3. telefonieren 4. schicken; Fax; E-Mail; Unterschrift; Brief 5. Telefonnummer; Ausland 6. Spreche 7. verstehe 8. Anruf 9. Auskunft 10. geben 11. angekommen; E-Mail-Adresse 12. Computer; Internet

G7 1. c) 2. d) 3. b) 4. a) 5. f) 6. e)

H. Schule, Arbeit und Beruf

H1 1. die Lehrerin 2. der Schüler 3. der Bleistift 4. das Buch 5. der Computer 6. das Heft 7. das Papier 8. die Tafel 9. der Kugelschreiber

H2 1. machen 2. lesen, schreiben 3. singen, lernen, schreiben 4. rechnen, machen 5. schreiben, lesen, lernen 6. lernen

H3 1. Hausaufgaben 2. schwer 3. erklären 4. Pause 5. wiederholen 6. Grammatik 7. fehlt 8. Klasse 9. Wort 10. Test 11. Texte 12. üben 13. schlechten 14. leicht

H4 1. fragen 2. antworten 3. unterrichten 4. sprechen 5. üben 6. arbeiten 7. testen 8. prüfen

H5 1. Mathematik 2. Englisch 3. Erdkunde 4. Physik 5. Biologie 6. Geschichte

H6 1. Sprache 2. schreiben 3. Grammatik 4. Prüfung 5. Aufgaben 6. falsch 7. richtig 8. bestanden

H7 1. der Lehrer 2. die Hausfrau 3. der Friseur 4. der Verkäufer 5. der Polizist 6. der Kellner 7. die Köchin 8. die Ärztin 9. der Bäcker

H8 1. die Polizistin 2. die Friseurin 3. die Lehrerin 4. der Arzt 5. die Verkäuferin 6. die Kellnerin 7. der Koch 8. die Bäckerin

H9 1. Ich arbeite als Lehrerin. 2. Ich arbeite als Verkäufer. 3. Ich arbeite als Taxifahrer. 4. Ich arbeite als Polizistin. 5. Ich arbeite als Friseur.

H10 1. studieren 2. werden 3. verdienen 4. Job 5. Firma 6. Kollegen 7. Chef 8. Arbeitstage 9. Wochenende 10. Büro 11. Urlaub

H11 1. selbstständig 2. arbeitslos 3. leicht 4. gut 5. Feierabend 6. kurz

H12 1. E-Mail-Adresse; E-Mail; Problem; Internet 2. Dokument 3. Computer 4. Datei; Text 5. Fax

Teil 2: Grammatik

I. Verben

I1 1. bist 2. bin/heiße 3. wohne 4. heißt 5. heiße/bin 6. ist 7. ist 8. heißt 9. kommst 10. kommen 11. arbeitet 12. Spielst 13. Spielen 14. komme

I2 1. finde 2. bin 3. ist 4. beginne 5. ist 6. arbeiten 7. freue

I3 1. fahre; fährt 2. esse; isst 3. schlafe; schläft 4. sehe; sieht 5. wasche; hilft; wäscht 6. laufe; läuft 7. nehme; nimmt 8. lese; liest 9. spricht; spreche 10. treffe; trifft

I4 1. weckt ... auf 2. bereitet ... vor 3. räumt ... ab 4. bringt 5. fängt ... an 6. bereitet ... vor; schreibt; ruft ... an 7. fährt; holt ... ab 8. kocht 9. hilft 10. räumt ... auf 11. kauft ... ein 12. sehen ...fern; macht ... aus 13. deckt 14. hängt ... auf 15. Hört ... auf 16. liegt; schläft ein

I5 1. g) nimm 2. c) fahr 3. j) Warte 4. a) gib 5. b) Geh 6. k) Sei 7. d) Hab 8. l) Sprich 9. e) Komm 10. f) Iss 11. h) Gebt 12. o) Kommen 13. i) Seien 14. m) Seid 15. n) Gehen

I6 1. hat ... gemacht 2. sind ... gefahren 3. haben ... gewartet 4. haben ... angeschaut 5. haben ... diskutiert; war 6. habe ... gekauft; waren 7. habe ... fotografiert; hat ... gesagt 8. haben ... gemacht 9. habe ... bestellt 10. war; hat ... geschmeckt 11. sind ... gekommen 12. war; bin ... gegangen 13. hatten

I7 1. Ich habe mein Zimmer schon aufgeräumt! 2. Ich habe meine Hausaufgaben schon gemacht! 3. Ich habe schon Brot für das Abendessen gekauft! 4. Ich habe den Blumen in meinem Zimmer schon Wasser gegeben! 5. Ich habe Sarah schon bei den Hausaufgaben geholfen! 6. Ich habe schon Klavier geübt! 7. Ich habe Opa (heute Abend) schon angerufen! 8. Ich bin heute schon ins Fitness-Studio gegangen! 9. Ich habe schon ein paar Flaschen Apfelsaft aus dem Keller geholt! 10. Ich habe das Buch schon in die Stadtbibliothek zurückgebracht!

11. Ich habe meinen Hustensaft schon genommen! 12. Ich habe meine Präsentation für Geschichte schon vorbereitet!

I8 1. war 2. hatte 3. waren 4. hattest 5. war 6. waren 7. hatte 8. hatten 9. war 10. war

I9 1. kann; muss 2. wollen; können 3. will; muss 4. Kannst; darf; muss 5. will; muss; will 6. Wollt; können; müssen

I10 1. Möchtest; mag 2. mag 3. möchte; mag; möchte 4. Magst; mag; möchte 5. mag 6. Möchtet; möchte

I11 1. Würden Sie bitte das Fenster zumachen? 2. Würdest du bitte eine Flasche Saft holen? 3. Würdest du mir bitte die Butter geben? 4. Würden Sie mir bitte einen Kaffee bringen? 5. Würden Sie bitte hier / hier bitte nicht rauchen? 6. Würdet ihr das bitte aufschreiben? 7. Würdest du bitte zum Einkaufen gehen? 8. Würdest du bitte mal herkommen? 9. Würdest du bitte leise sprechen? 10. Würdest du bitte still sein?

Hinweis: In allen Sätzen ist immer auch *könnte* statt *würde* möglich, z. B.:
Könnten Sie bitte das Fenster zumachen?
Könntest du bitte eine Flasche Saft holen?
Könntet ihr das bitte aufschreiben?

J. Nomen und Artikel

J1 1. Äpfel 2. Trauben 3. Tomaten 4. Salate 5. Fische 6. Becher 7. Eier 8. Dosen 9. Nudeln 10. Brötchen 11. Flaschen 12. Packungen 13. Kiwis

J2 1. Kinderwägen 2. Milchflaschen 3. Betten 4. Autositze 5. Kinderlöffel 6. Kindergartenplätze 7. Teddys 8. Fahrräder 9. Sonnenbrillen 10. Kinderzimmer 11. Radios 12. Computer 13. Schreibtische 14. Schultaschen 15. Männer

J3 1. einem 2. dem 3. Das 4. einen 5. dem 6. – 7. – 8. ein 9. Der 10. – 11. – 12. – 13. – 14. dem 15. – 16. – 17. – 18. ein 19. dem 20. ein 21. eine 22. eine 23. ein 24. Das 25. einen 26. einen 27. ein

J4 1. Mein Name; Mein Bruder; meine Schwester; mit meinen Eltern und meinen Geschwistern; mit meiner Katze
2. dein Name; deine Familie; dein Hund
3. Seine Eltern; bei seinem Vater; seinen Freund; seine Mutter
4. ihre Cousine; vor ihrem Haus; ihre Großeltern; ihr Pferd
5. Unser Haus; unseren Garten; Unser liebstes Spiel; unsere Freundin
6. eure Eltern; euer Haus; eure Fahrräder; mit eurem Hund
7. Ihren Einkaufskorb; Ihren Schlüssel; Ihre Haustür
8. Ihr Haus; mit ihren Tieren; Ihr Garten; ihre ganze Freude

J5 1. nicht zum Fischen 2. keinen großen Fisch 3. nicht gut 4. keine Fahrradtour 5. meine Freunde nicht 6. keinen Film 7. nicht in die Diskothek 8. kein Mädchen 9. nicht lange 10 nicht so richtig 11. keinen großen Sonntagsbraten 12. meine Nachbarn nicht

K. Adjektive

K1 1. ist verheiratet. 2. ist krank. 3. ist groß. 4. ist klein. 5. ist nett. 6. ist breit. 7. ist neu. 8. sind teuer. 9. ist schwer. 10. ist leicht.

K2 1. lieber 2. besser 3. lieber; besser 4. mehr; am meisten 5. am besten 6. lieber 7. am liebsten 8. am besten 9. mehr

L. Pronomen

L1 1. f) 2. d) 3. a) 4. h) 5. b) 6. c) 7. k) 8. j) 9. e) 10. g) 11. i)
12. mir 13. ihm 14. euch 15. Ihnen 16. ihr 17. dir 18. uns

L2 1. f) 2. d) 3. a) 4. h) 5. j) 6. b) 7. i) 8. e) 9. c) 10. g)

M. Präpositionen

M1 1. zum Arzt; beim Arzt; vom Arzt 2. zum Einkaufen; beim Einkaufen; vom Einkaufen 3. ins Büro; im Büro; aus dem / vom Büro 4. in die / zur Bäckerei; in der Bäckerei; aus der / von der Bäckerei 5. zu Anna; bei Anna; von Anna 6. ins Schwimmbad; im Schwimmbad; aus dem / vom Schwimmbad 7. in die Berge; in den Bergen; aus den Bergen 8. nach Hause; zu Hause; von zu Hause 9. zum Friseur; beim Friseur; vom Friseur 10. zu meinen Eltern; bei meinen Eltern; von meinen Eltern 11. nach München; in München; von/aus München 12. zu Thomas; bei Thomas; von Thomas 13. ins Theater; im Theater; aus dem / vom Theater 14. in die Oper; in der Oper; aus der / von der Oper 15. nach Österreich; in Österreich; von/aus Österreich

M2 1. zum 2. bis zum 3. Am 4. nach 5. in die 6. Am 7. über die 8. am 9. bis zur 10. nach 11. bis zum 12. auf der 13. am 14. nach 15. auf der

M3 1. am 2. für/– 3. vom ... bis zum 4. um 5. – 6. um 7. In der 8. – 9. Am; für/– 10. im 11. Im 12. – 13. –

M4 1. für 2. gegen 3. ohne; mit 4. um 5. aus; bei; für 6. Von; seit; für

M5 1. aus der Türkei; in Deutschland; in die USA
2. aus Frankreich; in der Schweiz; nach Frankreich; in der Bundesrepublik
3. aus den Vereinigten Arabischen Emiraten; aus Großbritannien; in England; in den Iran; in Indien; nach Österreich
4. in vielen Ländern; in Schweden und (in) Norwegen; in den Niederlanden; in Spanien und (in) Italien; in der Ukraine und (in) der Tschechischen Republik; in Russland
5. nach Ägypten und (nach) Marokko; in einige südamerikanische Länder; nach Chile, (nach) Peru, (nach) Brasilien, (nach) Argentinien

N. Fragen

N1 1. Wie 2. Woher 3. Wo 4. Wo 5. Wann 6. Was 7. Wie lange 8. Seit wann 9. Wann 10. Wie 11. Wie

N2 1. Wer ist das? 2. Wie alt ist er? 3. Woher kommt er? 4. Wie lange kennst du ihn (schon)? 5. Wo wohnt er? 6. Seit wann wohnt er in Hamburg / dort? 7. Was ist er von Beruf? 8. Wann kommt er nach München? 9. Warum möchtest du das wissen?

N3 1. Heißen Sie wirklich Mona? 2. Kommen Sie wirklich aus Portugal? 3. Ist Lissabon wirklich Ihre Heimatstadt? 4. Sprechen Sie wirklich Portugiesisch, Englisch und Deutsch? 5. Ist Ihr Vater wirklich Professor für Physik? 6. Studieren Sie wirklich Wirtschaft in Berlin? 7. Möchten Sie wirklich zwei Jahre in Deutschland bleiben? 8. Sind Ihre Hobbys wirklich Singen und Gitarre spielen? 9. Gefällt Ihnen Berlin wirklich sehr gut? 10. Wohnen Sie wirklich in der Lindenstraße? 11. Sagen Sie wirklich nichts mehr?

N4 1. Ja 2. Doch 3. Nein 4. Nein 5. Nein 6. Doch 7. Ja 8. Doch 9. Nein 10. Ja 11. Doch 12. Ja 13. Doch 14. Nein 15. Doch 16. Ja

O. Satzstellung

O1 1. steht Vera um 8 Uhr 30 auf 2. geht oft ins Schwimmbad 3. geht sie ins Theater 4. trifft Ella und Rudi 5. besucht die Großeltern in Bamberg 6. joggt sie 7. kauft neue Schuhe 8. geht viel spazieren 9. geht sie ins Kino 10. räumt den Keller auf 11. fährt sie an den Chiemsee 12. lädt sie Tante Tilla ein

O2 1. Klara hat ihre Hausaufgaben nicht gemacht. 2. Ich habe das Wort nicht verstanden. 3. Udo möchte eine Party machen. 4. Tina kann heute nicht kommen. 5. Am Wochenende haben die Jungen Fußball gespielt. 6. Am Freitag will ich dich zu meiner Geburtstagsparty einladen. 7. Kannst du heute Nachmittag einkaufen?

O3 1. Jörg sucht seine Brille. 2. Er fragt seinen Sohn: „Hast du meine Brille gesehen?" 3. Doch sein Sohn isst gerade einen Teller Spaghetti ... 4. Dann räumt Jörg seinen Schreibtisch auf. 5. „Vielleicht finde ich sie hier", denkt er. 6. Aber die Brille ... 7. Jörg ist sauer. „...sehe ich meine Brille nicht gut!", schimpft er. 8. Plötzlich hat er eine Idee. „Ich habe doch gerade die Zeitung gelesen!" 9. Er geht ins Wohnzimmer. ... liegt die Katze auf der Zeitung. Und die Zeitung liegt ...

O4 1. dir; mir; mir 2. Kindern; den Eltern 3. mir; Ihnen; mir; Ihnen 4. deiner Mutter 5. Ihren Eltern; ihnen

P. Konjunktionen

P1 1. b); d); e); g); h); j)
2. a); c); f); i); k); l)

P2 1. Gehen wir zum Essen oder schauen wir uns den neuen Film mit Tom Hanks an? 2. Ich möchte gern den Film sehen, denn er hat eine gute Kritik bekommen. 3. Ja, Kino macht sicher Spaß, aber ich möchte gern einmal das neue indische Restaurant ausprobieren. 4. Das möchte ich gerne, aber es ist vielleicht sehr teuer. 5. Ich esse gern indisch, denn das schmeckt so interessant. 6. Im Kino ist es gemütlich, denn es gibt dort so weiche Sessel. 7. Wir sehen eine DVD an oder wir gehen früh ins Bett.

Q. Zahlen

Q1 1. drei und zwanzig ist dreiundzw**a**nzig 2. fünf und sieben ist zwö**l**f 3. vierundzwanzig und dreizehn ist sie**b**enunddreißig 4. vier und vierzehn ist achtz**e**hn 5. einunddreißig und zweiundvierzig ist d**r**eiundsiebzig 6. sechsundsechzig und zweiundzwanzig ist ach**t**undachtzig 7. eins und sechzehn ist siebz**e**hn 8. zwei und neunzehn ist einundzwanz**i**g 9. vierzig und zweiunddreißig ist zweiu**n**dsiebzig 10. neunundzwanzig und zweiunddreißig ist einund**s**echzig 11. sechsunddreißig und zwölf ist ach**t**undvierzig 12. elf und fünf ist s**e**chzehn 13. sechs und sechzehn ist zwe**i**undzwanzig 14. neunundfünfzig und vierunddreißig ist dreiund**n**eunzig

Lösungswort: Albert Einstein

Q2 1. zwölf Uhr fünfundvierzig 2. drei Euro (und) fünfzig (Cent) 3. vier Kilo(gramm) (und) fünfhundert Gramm 4. zwanzig Uhr fünfzehn 5. null Uhr zwanzig 6. zweihundertneunundvierzig Euro (und) neunzig (Cent) 7. ein Meter (und) zweiundsiebzig (Zentimeter) 8. neunzig Zentimeter 9. siebenhundertdreißig Gramm 10. zehn Uhr siebenundfünfzig 11. eintausendachthundertsechsundsiebzig Euro 12. dreiundachtzig Kilometer 13. ein Uhr zehn 14. neunundsiebzig Euro (und) neunundneunzig (Cent)

Tipp: Wenn bei Zahlen und Maßen ein Komma vorhanden ist, kann dies in förmlicher Sprache auch gelesen werden:
4,5 kg *vier Komma fünf Kilogramm*
0,9 m *null Komma neun Meter*

Q3 1. vierte 2. erste; zweite; dritte 3. siebzigste 4. sechste 5. hundertste 6. fünfundzwanzigste

Q4 1. der Dreiundzwanzigste; am Fünfundzwanzigsten 2. der zwölfte Dritte; am Elften 3. Vom einunddreißigsten Siebten bis zum vierzehnten Neunten 4. am zweiten Ersten 5. der dreiundzwanzigste Mai neunzehnhundertneunundvierzig 6. am einundzwanzigsten Zehnten; bis zum neunzehnten Zwölften 7. Der vierundzwanzigste Zwölfte; am fünfundzwanzigsten und am sechsundzwanzigsten Zwölften